太陽星座的第一本書

黃家騁◎著

總序

科學星象DNA

黃家騁

筆者自幼接觸天文學，至今幾達半個世紀，而且典藏國內外天文書籍和各種資料超過十國以上，在涉獵的過程中，同時也對《易經》及星象學產生興趣，並潛心研究達三十餘年，樂在其中，因爲除了能從其中獲得許多知識和智慧，使個人的目光擴展到宇宙的邊緣之外，更能由此探觸天命。

承生智出版社孟樊兄囑筆者「有系統」的撰寫星象學方面的書，名稱爲「第一本書系列」，希望能爲星象學研究跨出新的一頁，最先出版的是《上升星座的第一本書》，接著是《太陽星座的第一本書》、《月亮星座的第一本書》、《研究水星（創意）的第一本書》、《研究金星（愛情）的第一本書》，以及《研究火星（性愛）的第一本書》、《生日奧祕的第一本書》等系列。

要瞭解和研究現代「科學星象學」，僅憑單向度的「太陽占星術」是不夠的，應該要用更遠大的眼光和態度去面對。西方對星象學的探究，已有上萬年的歷史，而且研究益趨細密和精準，並已成爲世界預言學和星命學的主流。

只要是存活在宇宙間的任何一個生命，都是獨一無二、與眾不同的，也因此形成天地間形形色色、多采多姿的生命現象，好比指紋和生化學中的DNA一般，這種多變和複雜的生命特質，「科學星象學」才能作出正確的判讀，而「上升星座」就是最重要的「第一本書」，更是有志於星象學的入門書。可以讓我們瞭解每個不同人格的生命型態，更是未來廿一世紀的人際關係學、親子關係學和知人善用的用人守則，有志於星命學者，盍興乎來！

星座成爲流行的話題，已有數年的光景，起先，當你問別人是什麼星座時，對方往往會簡單回答「××座」，但是現在卻不相同了，對方可能告訴你，他（她）的太陽在那個星座？月球在那個星座？金星在那個星座？上升星座又在那裡等等。這種改變，正是筆者二十多年來努力推展和教授「科學星象學」和「上升星座（命宮）」的目標，能幫助我們研究「上升星座」，也就是「命宮星象學」。

瞭解自己的性格、個人性向發展和未來學習方向，不致錯走冤枉路，更能指引未來的工作、財運、事業、感情、婚姻、子女等方向，爲社會造福，而這些都不是僅靠「太陽星座」所能指引的。

一般熟知的「太陽星座」，只能探測父親、丈夫和兒子的狀況，「月球星座」只能知道母親、妻子和家族間的關係，卻都無法眞正瞭解自己，而「眞正的自我」是由和父母完全無關的「上升星座」所掌管；也就是說，由「上升星座」（命宮）才能眞實瞭解自我的一切，並能進一步瞭解自己的財帛、兄弟、田宅、子女、奴僕、夫妻、疾厄、遷移、官祿、福德、相貌等其他十一個後天宮位的感應，這也是僅依「太陽星座」所無法盡知的事。

本書並附贈一片練習用「Windows版中文化星象光碟」，可以根據出生年月日時分和出生地點，即能迅速而正確的顯示個人星盤，其中白羊座等爲

「先天宮位」，命宮等爲「後天宮位」，加上太陽等星象，以及諸星相位關係等，組成一幅完整精密的個人星盤。

運用本光碟可以擺脫「太陽星座」的侷限，進入「科學星象學」的堂奧，並可省去數萬元購買國外星象軟體、厚重的星象曆、各式分宮度表、繁雜的各國城市經緯度表，以及其他參考書籍等，更可省去數十萬元的拜師學習費用，並縮短鑽研的時間，節省精力，可以很快的洞徹天命，瞭解自我，以及認識周遭的人。

由於盜版猖獗，本「學習及試用光碟」每半年或一年會有新的改進和增訂版本，舊版將會自動或逐步失效，敬請原諒。學者和讀者不妨密切注意更新版本的訊息，並請將正確的通訊地址寄回「皇極星象學研究中心」，將可快速的獲得最新資訊；如需完整版本，請向本中心註冊登記，可以獲得最佳的優惠和服務。

本書的完成，感謝孟樊兄的敦促、Ruby小姐的鼓勵、范一粟小姐的校對，以及皇極星象學研究中心學生的支持，在此一併致謝。

西元一九九九年元旦，於台北皇極星象學研究中心

預知死亡有跡可尋?!

——代序(一)

董小狐

陳靖怡之逝

一九九七年十二月十四日在中時報系舉辦的一場「前世今生命理嘉年華」會場，眾多來賓帶著許多小朋友到場等著陳靖怡主持一場「星座親子會」，就在此時，傳來噩耗，「陳靖怡死了」！當時筆者亦在會場。不久，大批媒體記者飛奔到場作現場採訪，因爲星象家黃家騁正在會場作「星象諮詢服務」，九天來共有三台及十餘家第四台，以及多家平面媒體記者紛紛作過三十多次專訪，使得會場氣氛顯得格外不尋常。

陳靖怡殞於情孽一事，引起「命理師能不能預測自己的命運」之議，有人認爲陳氏算命很準，也有人認爲不準，更有人認爲，就陳氏在媒體及著作上的表現，比較像「具有休閒娛樂功能」的「演藝人員」，而非專業的命理師。此外，有人爲陳氏抱不平，認爲她生前費盡心思維護自己的隱私，死後其命運及生活卻被公開討論，實在情何以堪；也有人認為，陳氏因為在媒體上公開批論名人的命運，才被捧為以「明星」定位的星座專家，如今陳氏之被談論，其實正如同她過去之談論別人，這就是公眾人物逃脫不開的宿命云云。

黃氏三十餘年來一直大力推展「科學星象學」的研究，並撰寫數百篇星象專文，著作五十餘本星象學專著，至今正式推出一套精密的「Windows版全中文化星象光碟」，為「精密星象學」作出重大貢獻。

黃氏與陳靖怡有一段師生緣，也僅此一面之緣，數年前陳靖怡曾聽過黃氏講演「科學星象學」，但卻沒有長時間聽講下去。黃氏亦深感遺憾，如果能夠深究一段時日，或許可以改變這一切。並慨歎一般學者只知學習「太陽星座」，而不知有精密的「命宮星象學」，容易誤己誤人。

科學與哲學

命理基本上屬於哲學的範疇，命理哲學和科學是兩條時常交集的曲線，並非兩條重合的直線，拿科學的標準來要求命理哲學是不合理的。事實上，任何命學家或星象家，都不可能是神仙，雖然能預知一些別人所無法預知的事，但畢竟還是凡胎肉身。雖然「知命」，但未必能「改命」，正如能呼風喚雨、預知天命的諸葛亮，想以「禳星」延壽，但仍逃不出死亡大限。

命理是一套人類「以凡人的智慧來思考生命問題的哲學系統」，自然有其思考上的侷限；就如科學也是一套人類「以凡人的智慧來探索自然的奧祕的科學體系」，其侷限也是不可避免的。

哲學是萬年不變的天地法則，顛仆不破的眞理；而科學的最高原則就是「測不準原理」，今天的眞理，明天就會被推翻，所以每年都有諾貝爾物理學獎的頒發，例如宇宙最小物質，由原子、J粒子、夸克、頂夸克等，年年有所突破，沒有確定答案，更無所謂「眞理」，科學的最高「眞理」，就是「變」，這和哲學上的基本原理完全吻合；《易經》這部變經，談的就是「生生不息之謂道。」《老子》也曾說：「一切在變，惟變不變。」

科學界多的是絕頂聰明的天才，頂尖的科學家多是物理學家，頂尖的物理學家多的是天文學家，而頂尖的天文學家，最後踏入預測的境界，開始研究初步的「占星術」，亦不乏其人，牛頓和愛因斯坦如此；研究人文科學和心理學的佛洛依德和榮格，更將「星象學」融入科學心理學，成爲「深層心理學」。事實上，「哲學是科學之母」，不應相互排斥，人類想上天空，這屬哲學層面，再運用科學技術與手段，發明了紙鳶、飛機，甚至太空載具，終於登上月球。

漢代大儒賈誼曾說：「古之聖人，不居朝廷，必在醫卜之中。」原因是：「卜可決疑，醫可治病，同為人生日常所需。」

古往今來，上下四方，各個已知或未知的現象界，都是命理哲學思考的範疇。人類透過命理哲學的系統苦苦追索，無非是要求得生命的發揚，以及心靈的安定澄止。命理哲學是人類「成熟的成年人的智慧」，是人類自洪荒以來歷經數不盡的劫難與光輝，所學得的教訓及智慧，以及看待生命的態度、超越生命的企圖，如果只是拿來給青少年作為嬉笑怒罵的消遣，就太糟蹋人類萬千年來以生死歷練換得的心血。

命理哲學系統龐雜，品類繁多，光是中國傳統一脈，就有三十餘大類，這還不包括降神扶乩、關亡召魂等巫術。每一套系統各有特色，也各代表一套人類試圖破解宇宙生命奧祕的密碼、路徑。

歷史學者張永堂博士說：「雖然古今中外哲人不斷對吉凶禍福、死生貴賤等具普通性的問題提供解決之道，但命理術數也提供了一套神祕、甚至在某些程度上是有效的理論與方法，故只要人生仍有無從選擇或預測的困境，術數便有盛行的溫床。」

足證命理哲學在平面及電子傳媒上佔有篇幅，確有其需要性，並非全然如踢館專家所謂的「倡導迷信、愚民」；但是命理哲學資訊陷阱處處，傳媒若不具文化程度及命哲知識，就很容易流於媚俗與愚昧，甚至淪為如李敖所謂的「為妖僧張目」。

太陽星座無法作預測

命運究竟可不可以預測？黃家騁先生經長期的研究及印證認為：命運七成可論，這是屬於「先天」不變的部份；至於「後天」三成，則是可因環境、遺傳，以及個人意志力、執行力而改變的部份，我們能否戰勝命運、扭轉人生，就靠這三成可變的後天因素，而這三成也正是超越命理師所能掌握的部份。

黃氏教授命理哲學將近三十年之久，在教學中，時時強調：專業命理師雖然以究天人之際為志業，但是，命理卻是一套人類以凡人的智慧來思考生命問題的哲學系統，自然有其思考上的侷限，就如科學是以凡人的智慧來探索自然界的奧祕，當然也有其侷限性；所以，有志成為專業命理師者，論斷命例，實在只可嚮往，而不必強求百分之百準驗，能夠有七成的準驗度，已經是命理論斷的最高境界了。

兩種單一物質化合為新的化合物，如氫與氧化合為水、氯與鈉化合為鹽。而父精、母血化育為人，也是一種化合作用；在遺傳上是「至親骨肉」毫無疑問，但這個「新生命」是與父母完全不同的「獨立個體」。

在個人星盤上也是如此，由陽曆月日推算出來的太陽，主父系遺傳、男性自己、夫君等，它僅顯示父親和丈夫的概況，以及個人外在的形象感應；

由農曆月日推算出來的月球，主母系的遺傳、女性自己、妻子等，它僅顯示母親和妻子的概況，以及個人內在的情緒感應；都不是眞正的自己，而由完整的出生年月日時，加上地點經緯度等感應，能推算出個人的「命宮」，它主宰著「眞正與完整的自我」。

事實上，個人生命是七成「先天」與三成「後天」的結合。由出生月份日期決定的「太陽星座」，只是天命中三成「後天」的感應部份；而加上出生時間來決定的「命宮」，才是七成不變的「先天」感應。「命宮」主宰著個人生命的開端，以及人生未來的方向與發展。它影響人格型態、外貌氣質、自我認同、外在形象、表現個人的獨特性。

西元一九九九年農曆新年初一

當自己的占星師

——代序(二)

雁隨雲

做自己的占星師

某命理師爲人考試「開運」，以「涉嫌斂財」被移送法辦，這事件發生在向有考試傳統的中國社會裡，並不足爲怪，唯一顯示的是，即使在科學文明如此昌盛的現代，這種源自文化上的「臍帶需要」，在現實生活裡，仍有其實質存在的空間。

從商周卜筮文化以來，出於對上天的敬畏，卜卦、論命等五術道統，原就與中國歷來順應的文化根柢相與無間。讀書人兼通天文、地理、子平之術，不足爲奇；而帝王將之祕而不傳，卻是使這套「生活哲學」、「生存之道」蒙上神祕色彩的主因。

五術作爲一門「學問」，果眞學海無涯，完全沒有軌跡可循，不知到何處學習，不知明師在那裡，不知那一套理論是沒有「摻水」的……，諸如種種，使得「五術江湖」更形奇詭，龍蛇雜處，亂象叢生。

而現今命理節目如此氾濫，亦是亂源之一。更致命的是，主事者本身泰半缺乏命理學術的背景，無法篩濾人選，幾經曝光，就能塑造一堆空包彈型的命理大師；甚至只要做好媒體公關或勤打廣告，也能自行「塑像」，顛倒眾生。

這些命理界的「莠草」擅於抓住人性弱點，完全按照台灣泡沫型市場特質操作，猛抄書、出書、猛曝光（上媒體、演講、座談……），只要出名就好。究竟他們有多少實力，下了多少功夫，又有誰能認定呢？

但是，在文化背景的烘托下，命理之學卻又有十足存在的必要性，那我們該如何看待「這些人、這些事」呢？依本人「泗泳」命理之海多年的經驗，僅建議如下：

1. 平實看待老祖宗傳下來的經驗之學。「天機」只宜作爲趨吉避凶之參考，決不能以此作爲論斷的最後依據。焉有考試不問實力，一味卦符，倒果爲因之理？

2.命理師論命，永遠難出其「管見」。他的識見與視野，決定他論命的基本架構；而一個人的存心也決定他論命的態度。理想的命理師，除了人格與學養的基本要求外，最重要的是要有靈敏、柔軟的「同情心」，才比較容易站在客觀的立場，甚而進入同一生命脈絡裡，提出中肯、客觀的分析與建議。

3.永遠要相信自己，沒有比自己更了解自己了，最好的方法是——當自己的命理師，別把自己的前途、命運交給沒有實力的江湖術士。

我所認識的黃大師

前面隨興所作的新聞事件評論，其實只不過反映本人看待天命之道的一貫態度，不論從那個角度切入，八字、占卜、占星……，林林總總，不一而足，且不妨還其素樸原貌，將之放在平常生活脈絡裡來貼近感受，心領神會處，豈是「非術」者所能言說？

我與黃家騁老師相交近十年，深知由於雙生摩羯（太陽與上升均落於此）特質的影響，多年來，黃老師始終堅定、穩健、踏實的走在天命之道的探索路上，從事研究、寫作與教學工作。

不擅花腔的黃老師，偶爾還要應付後生小輩的抄襲，甚至無的放矢的詆譭等諸多挑釁，但他始終以「天命之道」自期，對於彼等自我膨脹，互相拉抬的作風，始終無暇回應。還有許多紮根的活兒要做，他的時間是要花在更有意義、更有價值的工作上呢？

這一系列的「第一本書」，是黃老師多年沉潛結晶的力作，讓有心想「做自己的占星師」的朋友有個依據，可供遵循。

西元一九九九年六月一日

洞悉外在形象的太陽星座

——前言

黃家騁

本書是專門討論太陽和「太陽星座」的論著，報章雜誌上諸多以「太陽星座」推算的星座預測，但筆者所作的各種預測，都是由「命宮星座」爲基礎來作推測的。也只有知道「上升星座——命宮」的位置，才能知道其他後天宮位的吉凶，並作準確的預測，例如財帛、兄弟、田宅、子女、奴僕、夫妻、疾厄、遷移、官祿、福德、相貌等十一宮，方能深入瞭解每個人的妻財子祿、富貴壽夭的感應，而「太陽星座」是無法作任何預測的。

太陽是黃道宮的主宰，是影響地球最大的星球，它是太陽系的中心，也是生命的賦予者，主宰著每一個人的命運和地球上各種生物的生存。光芒四射的太陽守護著獅子座，在星盤中的星座，表示個人靈魂、精力、活力的所在，以及每個人想要顯赫的領域。

您想要瞭解自己，認識別人，選擇配偶，洞悉萬物萬象，趨吉避凶等，研究「太陽星座」就是初步的入門鑰匙，而本書更是不可錯過的好書。

「第一本書系列」的「上升星座」、「太陽星座」、「月亮星座」三本書，揭露了星象學的許多奧祕，參考本系列，可以激盪個人的潛能，大大提升您洞徹天命的能力。

本書是一本值得好好研讀的星象書，可以讓初學者一覽星象學和太陽星座的奧妙，無師自通；星命學和擇日學老師，也可以將此書作爲教學參考或教材，並賜予寶貴意見，俾供修正、再版的參考。

本書附贈練習排盤的「學習光碟」，此爲試用版，請照書末MENU指示安裝使用。光碟檔案目錄中有「皇極星象中心」檔，只要點選就能找到「太陽星座表」和「每日太陽星曆表」兩種表格作爲參考。這兩個檔案只能在光碟中查考，無法拷貝進硬碟，也無法列印。

西元一九九九年六月一日，於皇極星象學研究中心

目錄

2

3

1 太陽系綜論

太陽系行星

太陽與月球被稱作「發光體」，但爲了簡單起見，大部分的星象學家把這兩個星球與水星、金星、火星、木星、土星、天王星、海王星與冥王星同樣視爲「行星」。也就是說，這些星球在每個出生星象盤中都會出現，影響星盤主人的一生。

學生經常會問：「新行星的發現會推翻星象學的原理嗎？」答案是：否定的。古時候的星象學家早已知道，影響我們在地球上的生活的星球數量，超過我們所能察覺的。例如：超鈾金屬的首度發現，並未能推翻化學。同樣地，天王星於一七八一年發現，與工業革命以及電力的應用正巧同一時代。海王星於一八四六年發現，它引導了形上學與心理分析學的誕生。冥王星於一九三〇年發現，正好於原子時代開始之前，並先於法西斯獨裁及共產主義興起，以及地下活動犯罪行爲的猖獗。

請接受還有更多新行星會發現的觀念，但目前我們僅研究已發現的行星。若以行星運轉的速度爲順序，而不必然以它們在星象盤中的重要性而分，排列如下：

月球、水星、金星、太陽、火星、木星、土星、科隆星、天王星、海王星、冥王星。當我們經由黃道十二宮去觀察這些行星的運轉，所指的就是其圍繞太陽所作的運行，是以地球上的時刻來計算的。但月球繞行地球而轉動則是個例外，因爲月球實際上並非是行星。

太陽系星象感應表：

分類			星象名		距日AU 天文單位	恆星周	衛星
陽九星	內行星	個人行星	Earth	◆地球／地心系統	0.000	365.25天	3
			Mercury	水星、辰星	0.273	88 天	
			Venus	金星、太白、長庚	0.387	224.7 天	
			Sun	◎太陽、日、金烏	1.000	255,000,000年對銀心	
	外行星		Mars	火星、熒惑	1.524	687 天	2
		非個人行星	Jupiter	木星、歲星	5.203	11.86年	16
			Saturn	土星、塡星	9.539	29.18年	17
			Uranus	天王星	19.18	84.01年	15
			Neptune	海王星	30.06	164.8 年	8
			Pluto	冥王星	39.41	247.7 年	1
陰九星	冥外日系星象	超個人行星	Cupido	邱比多／超海王	42.1	262 年	
			Hades	哈德斯／超海王	50.6	360 年	
			Zens	宙斯／超海王	57.3	455 年	
			Kronos	克羅諾斯／超海王	62.4	521 年	
			Apollon	阿波羅／超海王	68.9	576 年	
			Admetos	阿德美多／超海王	71.5	624 年	
			Transpluto	超冥王／超冥王	77.8	656-85 年	
			Vulcanus	渥卡努斯／超海王	78.7	663 年	
			Poseidon	波塞頓／超海王	82.9	740 年	

太陽的軌跡

日晷儀中可以見到太陽行經的軌跡，看來就像老天九萬五千年前的一滴淚珠……。一大堆北方人在冬天的時候追隨太陽到南方去了，可是自稱「瘋狂天文學家」的丹尼·迪西可卻留在家裡。一整年的時間，他都在麻薩諸塞州水城家中，利用攝影來追蹤太陽。每隔七天（或次日晴天時），東方標準時間早上八點半，他就用相機把唯一的一張底片再曝光一次，結果變成現在所看到的這張十分獨特的相片，它看來好像是太陽在天空的軌跡，事實上，它反映了地球軌道與太陽之間的關係。

這個扁長的「8」就被稱做日晷，由日晷可以看出季節的變換。地球的橢圓形軌道使得這兩個環顯得不太規則。8字的頂點是在夏天照的，那時白

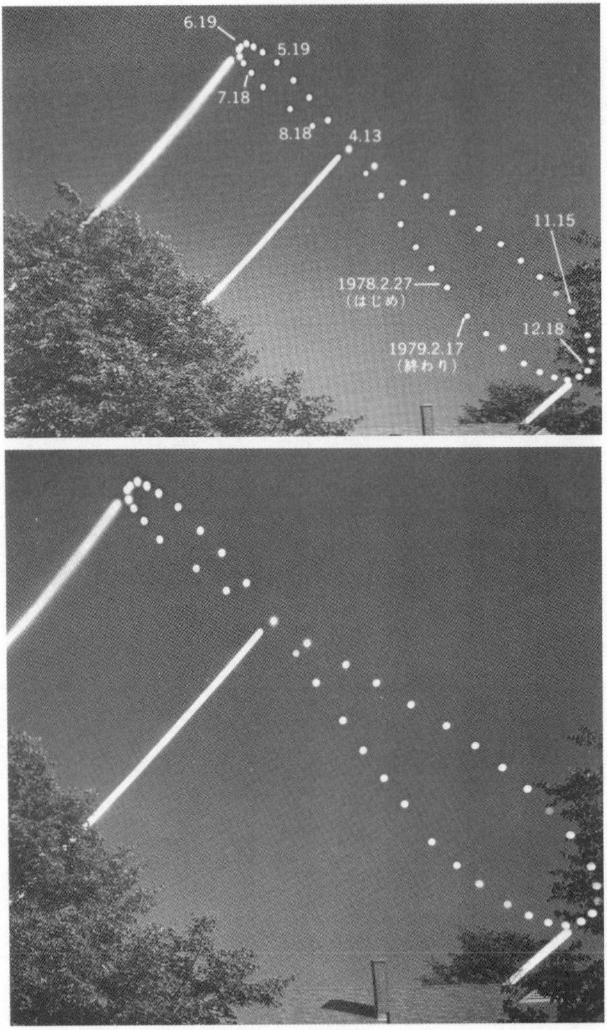

太陽運行黃道軌跡圖（呈現8字形的形狀）

天最長，早上八點半時太陽已高掛天空了。8字的底端是在冬天照的，那時白天較短，太陽在低低的水平線。

照片中那三道光是用B快門在三次不同的日出時刻攝取的——頂端那道在夏天，中間那道在秋天，下面那道在冬天。對於這個傑作，迪西可說道：「這是我所知道最長的曝光。可是大自然就在那兒，每個人都可攝到同樣的照片。我所做的，僅是想爲天文學留點紀錄罷了。」

爲了追蹤太陽在天空運行的模式，迪西可花了兩年半的時間。把同一張底片做多重曝光並不如想像中那麼簡單。他首先用電腦算出從他房間東邊窗口看出去那個8字的位置，然後把附有廣角鏡頭的照相機裝置在他家樓上，再把它與一個可以牽動快門的數字鬧鐘連在一起。

他有兩次出城去，他的太太雪莉便遵照指示按下快門。從一九七七年二月開始到一九七八年二月爲止，他總共做了四十三次曝光，不過祇有三十四次顯示出來。底片沖出來以後，他才發現自己的一大失誤，因爲日晷的形成雖然完全和電腦的計算一樣，他卻把那架4×5大相機的鏡頭放得太低，因此北方那個環就被切掉了。

不過他毫不氣餒，二天後，也就是一九七八年的二月二十七日，他把相機重新擺好，再度試驗，結果終於獲得成功。

這張相片由三部分構成：太陽用十分之一秒的速度拍得；影響的清晰度依天候而定。三次日出的紀錄，是由黎明一直曝光到早上八點二十五分獲得。鄰居的房子、樹木和天空是在九月的一個下午照的；那時太陽不在畫面上的天空，作者用偏光濾色鏡減弱天空的亮度。

二十九歲的迪西可被稱爲「瘋子」和「失學的天才」（因爲他大學輟學）。他稱自己是「修補匠」和「業餘天文學家」，但他卻不曾被專家邀請幫助觀測日蝕和做天文攝影。他十三歲時就做出第一支望遠鏡，以後也做了許多精巧的裝備，包括一個用來改進低光相片的底片冷卻器。目前他在一家很受歡迎的天文學雜誌「天空和望遠鏡」中當編輯。他臥室中堆了五百本天文學方面的書，就連廚房的地上也堆了其他天文現象的幻燈片和相片。

可是他最珍惜的還是這張日晷圖。迪西可希望它能夠被印在教科書上，他說：「這是我對不朽的一個嘗試。」他指出，日晷隨時間而變化，它的形狀爲無限提供了一個記號。在很遠很遠的未來，當地球滾過它千萬年前所設定的模式以後，這個日晷看來就像老天九萬五千年前的一滴淚珠而已。

天文學上的太陽

太陽的傳說

・太陽（SUN）中國古稱「金烏」，西方稱作「阿波羅神」，又稱「太陽神」，是上天主神「宙斯」之子。阿波羅地位僅次於其父「宙斯」，西元前五世紀「太陽神」被視爲力量、光與純潔的表徵。他手刃主宰黑暗與寒冷的巨蛇，用他眩人的亮麗趕走陰冷，成爲四季的主宰，是「農業的神」，也是「家畜的守護神」。

・阿波羅不僅是個美男子，也是古代雅典奧林匹克運動會競技的第一個勝利者。古代雅典奧林匹克運動會運動員皆是裸體參加，在大自然中裸體，可以使人放鬆自在、無所約束，如此方可盡情展現個人的體能與歡愉，這正是運動、休閒的目的。

・古代的宗教中太陽是最常被崇拜的焦點，古希臘稱太陽神爲阿波羅或天光。古埃及則稱爲Ra、Horus或Aten，對太陽的崇拜是認爲它是最爲高貴的神。國王與皇后所帶的皇冠與聖者頭上的金環，都是來自太陽神的模仿。

天文學上的太陽

・太陽是太陽系的中心，直徑有地球直徑的一〇九倍，由於體積龐大，加上強而有力的光源，成爲太陽系中最具威力的星體，也是地球上一切生物不可或缺的要素，如陽光、空氣與水等皆來至太陽，故知太陽是一切生命的來源與必需品，其影響力是正面的、積極的。

・太陽黑子在我們肉眼看不見的領域中相當活躍，能引起磁力活動。太陽表面燦爛耀眼的氣體爆炸，即所謂「太陽焰」，又稱「太陽風」，會放射出強大短波輻射線，如α、β、γ等，而引起磁爆，干擾地球上無線電波的發射。第二次大戰期間，人們對「太陽焰」爆發的觀察不夠瞭解時，曾誤以爲是敵方的干擾活動。

・太陽爲經過電離化的電漿星體，其內部溫度高達攝氏一百萬度，而表面則爲六千度。地球爲太陽的一部份，其內部溫度爲六千度（即太陽表面溫度），而表面則爲50度至-50度。

・日偏蝕：月球經過太陽表面時，除了被月球遮位的部分，尚可見到小部分的太陽光輪。

・太陽黑子：在爲期11年的周期中，太陽的黑子經常伴隨強烈的磁力作用出現；少數星象家認爲黑子對地球上經濟發展具有影響力。

2

認識黃道十二星座

假使十二星座是構成人體內部的潛能，並代表整個體質的話，那麼行星就是使這些潛能表現出來的積極力量。就是在這種雙重作用下，兩種性質交互影響，而產生了生命的各種現象。

人這個小宇宙，只是所謂的音板，反映天上的磁石般的震動，再者，這十二星座代表人類的有機體，太陽、月亮和行星則代表精神、靈魂和人體的感覺。人有身體、靈魂、和精神。衛星是體，月亮是靈魂，太陽是精神，五個行星——土星、木星、火星、金星、水星等，則代表肉體的感覺，也就是根據上述各點，來考慮行星影響力的各種特質。

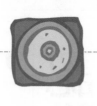

黃道上有十二個星座，每一個星座都是行星發揮力量的行動領域。每個星座都有其可能發展的範圍，我們每個人都可用積極或消極的方法運用星座所暗示給我們的一切感應來瞭解自己或他人，進一步更可以用來趨吉避凶。

每個星座都有其守護星，每個行星也都在特定的星座中發揮作用。例如：白羊座是勇敢而有活力的，月亮代表感情，而當月亮位於白羊座時，這個人會以勇敢而有活力的方式來表達感情。又如水星位於白羊座時，這個人會很大膽且很有活力地思考和做推理。

無論如何，我們必須先認識每個星座所表達的基本模式。當你認識每個星座的基本特質，而後發現你自己的每個行星所座落的位置之時，你就可根據這星座的積極正面特質與特點，開始去發揮潛能。

認識「太陽星座」

「太陽星座」是指太陽在你出生的月份與日期所屬的星座內。而在出生的同一時同一分，又有九個其他的行星在黃道各個星座內，和另一個後天的命宮星座，我們稱做「命宮星座」。

如果你知道你的「命宮星座」是什麼?你將可以從各種星象學的書籍、定期刊物、報紙或雜誌上，得到許多額外和較爲深入的「太陽星座」知識。你可以把你的「太陽星座」特質與你的「命宮星座」特質結合在一起。

換句話說，如果你的「太陽星座」是人馬座，「命宮星座」是摩羯座，你好好閱讀這兩個宮的敍述文字。在你讀完後，你將會明白這兩者中最適合你的特性。

倘若你將要送花或禮物或者帶某個人出去時，如果你事先知道這個人的「太陽星座」與「命宮星座」，那麼你將會對送花或送禮物有較明智的選擇，而且對這個人也會有一些較多的認識。

每一年，太陽在十二星座上各停留約三十天。但因地球的橢圓形軌道與我們三百六十五天的曆法（閏年爲三百六十六天），太陽在某些星座停留的時間超過三十天，有的不到三十天。事實上，從廿九到卅一天不等。實際上，差異並不像表面上那麼大。

舉例來說，某一年裡，有些星座可能在午夜前幾分起變化，則太陽進入某星座的日期就早了一整天。故星象學家或市面上的刊物，對太陽在星座停留的日期有不同的說法，下表的說法最可靠，因爲反應出星座變化的「平均」日期。

星座正名	起止時間	俗　誤　名
白羊座 Aries	3月21日～ 4月20日	日名牡羊座。 誤名天羊座。
金牛座 Taurus	4月21日～ 5月21日	日名牡牛座。 誤名天牛座。
雙子座 Gemini	5月22日～ 6月21日	古名陰陽座。 誤名攣生座。
巨蟹座 Cancer	6622日～ 7月23日	日名蟹座。 誤名天蟹座。
獅子座 Leo	7月24日～ 8月23日	日名獅座、古名師子座。 誤名天獅座。
室女座 Virgo	8月24日～ 9月23日	日名乙女座、俗名室女座、古名雙女座。 誤名雙女座。
天秤座 Libra	9月24日～ 10月23日	日名天平座、俗名秤座。 誤名秤子座。
天蝎座 Scorpio	10月24日～ 11月22日	日名蠍座、俗名蠍子座。 誤名魔蠍座、天蠍座。
人馬座 Sagittarius	11月23日～ 12月21日	日名射手座。 誤名天箭座、天劍座、半人馬座。
摩羯座 Capricorn	12月22日～ 元月20日	日名山羊座、古名磨羯座。 誤名摩蝎座、摩蠍座、魔羯座、魔蝎座。
寶瓶座 Aquarius	元月21日～ 2月19日	日名水瓶座。 誤名天瓶座。
雙魚座 Pisces	2月20日～ 3月20日	日名魚座。 誤名南魚座、天魚座、水魚座。

星象學上的太陽

坐守星座（廟）：獅子座。

強勢星座（旺）：白羊座。

弱勢星座（陷）：寶瓶座。

下降星座（弱）：天秤座。

・關鍵字眼（訣）：表達能力、精力旺盛、權力、內在的自我。

吉相（正面特徵）

・有野心、忠誠、信實、榮譽、尊嚴，給人生活上帶來健康、長壽、讓人勇敢、精力充沛、活躍、誠實、和藹可親、多作好事，給人帶來名譽與良好的品格，還讓人創造出豐饒的財富。

·太陽代表個人的魅力、正面的心靈發展、愛好和平、聰明的、母性的、喜歡旅行，具有創造力、領導能力、慷慨、心胸開闊、熱情、尊貴、喜愛孩子、熱愛生命。

·你可以找職業，求升遷，要求恩寵，並由個人企業和增加責任中得到利益。

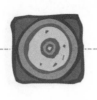

凶相（負面特徵）

·虛榮心、自私、高傲、憎恨、專制、誇大、傲慢、自責、專制、揮霍無度、強人所難、使人失望、疾病纏身、一蹶不振、幻想的、輕浮的、通靈的、善變的、因循的、無趣的、懶惰的、投機的、溺於壞習慣、自我中心的、自我放縱的、任性的、驕傲的、自我吹噓的、專橫的、獨裁的、霸道的、恐嚇的、喜歡阿諛的、誇張的、賭博的、擾亂的。

・因太陽光芒的逐漸消耗，故成爲一個人弱點的所在。

・要避免尋求達官顯貴的恩賜，勿洩露自己的秘密，克服自私，過份野心、喜歡冒險、過份自信和專制的傾向。投機和借錢給人很容易遭受財務上的損失。

・若日月有凶相位，在身體則生命力將會減弱；在內心則意志力將會薄弱。

太陽對身體的感應部位

・太陽和人體的心臟及背部區域的脊柱有關，屬於心臟、動脈、脾臟、橋腦、維生素、氧、熱量、循環系統、生理液體如精液等、男性的右眼與女性的左眼等。

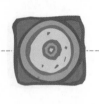

・所代表的疾病如：中暑、視力受損、昏厥、發燒、膽汁方面的疾病。

・太陽是黃道宮的主宰，其作用在星盤中極爲重要，它是影響地球最大的星球，在黃道上運轉也有其一定的影響力。

・太陽是個陽性的星，代表我們的視覺，它的本質是閃光的、貴重的、有價值的，其性質是陽性的、熱的和乾燥的，表示權勢動力、人格的表現。

・在人物方面，則代表陽性人物，如父親、丈夫、男性。

・外圍一個圓圈，而中心有一個圓心，這是太陽的圖騰，它的符號象徵，圓圈是英雄海利歐斯的盾，中央的點是盾的中心浮雕或凸起裝飾。

・光芒四射的太陽守護著獅子座、在白羊座爲旺相、在寶瓶座爲失勢、在天秤座則爲落陷。太陽的影響：如表現自我的主要方式、也表示領導力與成功，影響著個人的生活原則、啓發意願、充實信心、統治意志等。

・強韌而有活力的太陽，支配著我們的健康和生命原則，並掌管權威、上司、階級、職銜、高級職務、進步、尊榮、精力、認同感、吸收經驗的能力。

・太陽在星盤中的宮位，表示該盤的靈魂和主宰與想要顯赫的領域。

・太陽是獅子座的宮主星，獅子座是創造、領袖群倫的星座。太陽系的中心，也是生命的賦予者，它主宰個人。太陽在星象學上地位極爲重要，和創造力、力量、活力有關。

・含太陽的後天宮，在命盤中很重要。太陽所在的先天宮位（SIGN）與後天宮位（HOUSE）會被特別加強，該宮的運勢對個人的一生具有決定性的影響力。

・一般說來，第七宮到十二宮與成年的生活有關；星象家詮釋一個未成年孩子的星盤時，依據第七宮到十二宮的星象，判斷他未來可能的發展。

・太陽即「阿波羅神」，又稱「太陽神」，是上天主神「宙斯」之子。而

「宙斯神」卻是木星，因太陽光芒逐漸耗弱，故成爲個人生命的弱點；而木星則不斷擴展實力，最後木星變成最大，它代表成長、擴張、機會、好運。

・太陽看來只是無限宇宙中的一小部分，然而對星象家來說，它就是上帝、基督，就是力量與希望的泉源、人類特殊系統的生命。

・嚴謹的星象家對「太陽星座」，只以出生月日的太陽就決定一個星象盤的說法，很不以爲然，不過由太陽星座也可能瞭解個人一部份的外在形象與特徵。關於星座方面，太陽與獅子、寶瓶等這些固定星座有關。

・太陽是「生命的賦予者」，但這與太陽的影響無關，以至於一般人很少接觸，太陽在哲學或積極方面顯現較高層次的本質。

・當太陽被星座或宮位安置妥當時，它就會散發出力量、權威、意志及自信；也代表永恆、不朽、光明、榮耀、自信、活躍、精力旺盛、表現慾、權勢、精神等，爲男性的生活原則、來自父親世系的遺傳、活力、外部生活與權力慾望、具有創造能力與戲劇方面的天份。

・太陽爲人類精神的表徵，我們生命存在的首要目標，人類複雜化身中不朽的部份，但比起土星的永恆，較爲短暫，僅指留名後世而已。

・就物質上而言，太陽爲「生命的維持者」，光熱磁電等「能量的給予者」，表示意志力、熱力、活力、精力、權力，以及「人類最高度的表現」。

・太陽相位顯示出深度的出身、人格特徵、個人主要的企圖心、父親與子女的關係。它需要與各行星構成相位，才能在星盤中表現出其強度。

・當太陽由白羊座戌宮起，通過各先天宮，回到東升的宮位，即東方的地平線，劃下星象學上一年起始的春分點，綻放著自然界新的生命周期。

・當太陽通過各後天宮，回到東方地平線，是爲星象學上一天的起始日出，亦爲個人出生的命宮度，太陽在黃道一個周期，亦代表一個人「童年的歲月」，或「生命的終結」。

・以誕生星位來說，太陽是與一個人的個性或客觀的本質有關。而這些個性或本質會被誕生時太陽所在星座的特徵所感染。

・這個事實應該列入一般與太陽有關的預言來考慮，因爲太多的事情要視太陽先後天宮或相位來決定。

・太陽是權力的標誌，自己也是能量與生命的代表，一個人明顯的特性，內在的實力與弱點。

・太陽表示一個人生長、變化與其生命中所遇到一些經驗的類別，它能顯出「自我」，代表個人生命的來源與最內在的自我，與一種無盡的權力。

・太陽也代表意志、生命力、陽剛、權威、尊嚴、抱負、信心、創造、領導、活躍、精力旺盛、表現慾、權勢、高貴、野心、奢侈、一流、傲慢、虛榮、權力、公職、創造、現實、男性等意義。

・太陽在白羊座東升，表示太陽的特性在白羊座上，表現得比較淋漓盡致。

·太陽代表國家元首，地區領袖，與國務卿、閣揆、總督，凡在行政機構內，掌握與控制權力者。

·太陽星座強勢的人，適合從事士、農、工、商等各方面，攻讀政治學最有利。

·在金屬上爲黃金，也主大商家，大經濟家，大企業家等類。

·若太陽無相位，就很難被太陽的影響力所觸及到。

認識「上升星座」——命宮

每一個先後天宮、行星、相位等，都要結合並參考命宮作出綜合判斷，而命宮中的行星及相位，更可顯示出直接而明顯的感應。

與命宮有關的感應，如命宮的宮主星、命宮內行星、命宮星座、命宮被截奪、命度的感應、命宮無星，以及與命度有關的相位等。

如果你的命宮是空的，沒有任何行星及相位感應，不代表你沒有自我，或不如命宮有星座的人重要，這種現象所代表的意義是：

1.你的自我和命主星所在的宮位有密切關係，若命宮爲天蝎、寶瓶、雙魚，由於這三個星座都有兩個宮主星，所以它們影響個人的形象及興趣極大。

2.命主星所在的黃道宮是自我或問題的指標（依行星走勢而定）。太陽是自我的另一個方向盤，每個人都有一個。

3.和第一宮有行星的人較量，你可能被低估，因爲他們認爲你不如他們「強壯」。如果你發現，或只是覺得你吃虧太多，或其他人比你佔上風，你必須堅守立場，多學習一些如何增加自信的技巧。

太陽與命度須依地方標準時間而定。出生日期決定「基本星座」，或稱爲「太陽星座」，也就是「內在的自我」。出生時間決定「上升星座」，或稱爲「本命星座」、「第一宮」，簡稱「命宮」。也就是「外在的自我」，主宰「眞正與完整的自我」。我們從這扇窗戶看世界，世界也從這扇窗戶看我們。這是星象學上重要的課題，有人可能把你的「命宮」看成「太陽星座」。

計算命度的正確度數，計算過程繁瑣，最好留給專業星象學家或電腦。不過按照指示，再配合下面兩種推算命宮的表格，很快就能找出你的命宮。

知道命宮位置，對以後書中的研究比較方便。下表左方是出生時辰，右上方爲「太陽星座」，右下方爲換算出來的「命宮」。

「命宮」即東升命宮、上升星座，主宰生命的開端以及人生未來的方向與發展。它影響人格型態、外貌氣質、自我認同、外在形象、表現個人的獨特性。如果你不知道自己是白天或晚上出生，可根據下表方法找出自己的「命宮」，也可利用它來算出他人的「命宮」。依「地心系統」理論，太陽每天運行在橢圓形的軌道上，運行速度不一，故以下表推算個人的「上升星座」，其準確率僅約七成左右，而精密推算，則須另行計算。

如果你想要知道你的「命宮星座」，可參看下表，將會給你所屬「命宮星座」一個概括的觀念。然而你出生時的緯度與你是在夏令時間出生的，或在戰爭時間誕生的，都會有所不同，如果使用更正的標準時間，來查閱下面的「命宮表」後，就可找出自己的「命宮星座」。

第一種推算命宮的方法：

出生時＼命宮	太陽星座											
	白羊	金牛	雙子	巨蟹	獅子	室女	天秤	天蝎	人馬	摩羯	寶瓶	雙魚
23－1	摩羯	寶瓶	雙魚	白羊	金牛	雙子	巨蟹	獅子	室女	天秤	天蝎	人馬
1－3	寶瓶	雙魚	白羊	金牛	雙子	巨蟹	獅子	室女	天秤	天蝎	人馬	摩羯
3－5	雙魚	白羊	金牛	雙子	巨蟹	獅子	室女	天秤	天蝎	人馬	摩羯	寶瓶
5－7	白羊	金牛	雙子	巨蟹	獅子	室女	天秤	天蝎	人馬	摩羯	寶瓶	雙魚
7－9	金牛	雙子	巨蟹	獅子	室女	天秤	天蝎	人馬	摩羯	寶瓶	雙魚	白羊
9－11	雙子	巨蟹	獅子	室女	天秤	天蝎	人馬	摩羯	寶瓶	雙魚	白羊	金牛
11－13	巨蟹	獅子	室女	天秤	天蝎	人馬	摩羯	寶瓶	雙魚	白羊	金牛	雙子
13－15	獅子	室女	天秤	天蝎	人馬	摩羯	寶瓶	雙魚	白羊	金牛	雙子	巨蟹
15－17	室女	天秤	天蝎	人馬	摩羯	寶瓶	雙魚	白羊	金牛	雙子	巨蟹	獅子
17－19	天秤	天蝎	人馬	摩羯	寶瓶	雙魚	白羊	金牛	雙子	巨蟹	獅子	室女
19－21	天蝎	人馬	摩羯	寶瓶	雙魚	白羊	金牛	雙子	巨蟹	獅子	室女	天秤
21－23	人馬	摩羯	寶瓶	雙魚	白羊	金牛	雙子	巨蟹	獅子	室女	天秤	天蝎

第二種推算命宮的方法：

命宮 時間＼出生月日	摩羯 12/22｜1/20	寶瓶 1/21｜2/19	雙魚 2/20｜3/21	白羊 3/21｜4/20	金牛 4/21｜5/21	雙子 5/22｜6/21	巨蟹 6/22｜7/24	獅子 7/24｜8/23	室女 8/24｜9/23	天秤 9/24｜10/23	天蝎 10/24｜11/22	人馬 11/23｜12/21
23－1	天秤	天蝎	人馬	摩羯	寶瓶	雙魚	白羊	金牛	雙子	巨蟹	獅子	室女
1－3	天蝎	人馬	摩羯	寶瓶	雙魚	白羊	金牛	雙子	巨蟹	獅子	室女	天秤
3－5	人馬	摩羯	寶瓶	雙魚	白羊	金牛	雙子	巨蟹	獅子	室女	天秤	天蝎
5－7	摩羯	寶瓶	雙魚	白羊	金牛	雙子	巨蟹	獅子	室女	天秤	天蝎	人馬
7－9	寶瓶	雙魚	白羊	金牛	雙子	巨蟹	獅子	室女	天秤	天蝎	人馬	摩羯
9－11	雙魚	白羊	金牛	雙子	巨蟹	獅子	室女	天秤	天蝎	人馬	摩羯	寶瓶
11－13	白羊	金牛	雙子	巨蟹	獅子	室女	天秤	天蝎	人馬	摩羯	寶瓶	雙魚
13－15	金牛	雙子	巨蟹	獅子	室女	天秤	天蝎	人馬	摩羯	寶瓶	雙魚	白羊
15－17	雙子	巨蟹	獅子	室女	天秤	天蝎	人馬	摩羯	寶瓶	雙魚	白羊	金牛
17－19	巨蟹	獅子	室女	天秤	天蝎	人馬	摩羯	寶瓶	雙魚	白羊	金牛	雙子
19－21	獅子	室女	天秤	天蝎	人馬	摩羯	寶瓶	雙魚	白羊	金牛	雙子	巨蟹
21－23	室女	天秤	天蝎	人馬	摩羯	寶瓶	雙魚	白羊	金牛	雙子	巨蟹	獅子

教你推算星象學命宮

黃道十二宮在星象學上具有十二種「感應」意義，是爲「先天十二宮」，如白羊座、金牛座等。「太陽星座」僅是統籌父系遺傳、外在形象、自我性格、潛能才華，它主宰個人的精神、精力及活力等；而俗知的「星座占星術」僅論及出生月日，而在地球上每個相同星座的人約有四億多人，這四億多人同命同運，焉有此理！況且這種「太陽星座」所談到的，只是自己父親與丈夫的人格型態，以及其外在的部份形象與個性，而不是自己的「命格」，若以此推論個人命運、斷驗吉凶，其實是不可能的。父母生下我們，則這個「生命個體」既不同於父母親，亦有別於天地間的任何一個人；是凡完全相同的命格，在出生時都經過自然篩選而流產或死亡，人類所以比其他生物優等，道理即在於此。所以凡是健康存在的生命，都是與眾不同的，更與地球所有人類都不相同，這才是「星象學」上研究與討論的神聖課題。

什麼樣的「命」才是自己的？命宮（東升命宮或上升星座）。它主宰生命的開端以及人生未來的方向與發展。它影響人格型態、相貌氣質、自我認同、整體形象，尤其重要的是，它代表每個人與眾不同的「獨特性」，及有別於父母的眞正「自我」。這是僅代表父親遺傳與「局部自我」的「太陽星座」所不能相比的。也唯有算出命宮等「後天十二宮」，才能論斷妻財子祿等運勢及每年、每天的吉凶禍福。要預知個人命運、瞭解他人及推測時運變化，必須要根據個人的出生時間及地點經緯度等條件，再加以推算求得命宮（即上升星座）等寬窄不一的「後天十二宮」，即命宮、財帛、兄弟、田宅、子女、奴僕、夫妻、疾厄、遷移、官祿、福德、相貌，象徵個人「命格」的基本架構，由此才能推論個人命運的吉凶。

簡易命宮排算表黃家騁製表〔皇極星象學研究中心提供〕

（本表適用臺灣地區及南北緯25度範圍，經度不拘，本表精準度接近百分之百。）

陽曆月份	1月	2月	3月	4月	5月	6月
生月參數	06:40	08:43	10:33	12:35	14:33	16:36
+生日X4						
+出生時						
總和						
黃道命宮	白羊	金牛	雙子	巨蟹	獅子	室女
交宮時分	18:00	19:29	21:11	23:13	01:29	03:46

陽曆月份	7月	8月	9月	10月	11月	12月
生月參數	18:34	20:36	22:38	00:37	02:39	04:37
+生日X4						02:00
+出生時						09:45
總和						16:22
黃道命宮	天秤	天蠍	人馬	摩羯	寶瓶	雙魚
交宮時分	06:00	08:13	10:30	12:46	14:48	16:30

表例：某人生於12月30日上午9時45分

	時	分
（12月）生月參數	04	37
（30日）生日×4（30日×4=120分鐘=2時）	02	00
+（生時）出生時間	09	45
總和 =	16	22（命宮參數）

然後再對照【黃道宮交宮時分】欄中，即能查得某人命宮爲寶瓶座。

3 太陽黃道十二宮分論

白羊座

- 星座名稱：白羊座、第一宮，西名Aries（Ari, Ar）。
- 掌管時間：3月20、21日～4月19、20日。
- 中國古名：降婁、第三宮、徐州、魯國、狗宮、戌宮0度～29度。
- 星座別名：日名牡羊座、誤名天羊座。
- 符號意義：公羊（The Ram）。公羊的角。
- 星座象徵：陽性、火象的基本星座，掌握著生命的開始部份及頭部。
- 黃道宮度：初度～29度。
- 後天宮名：東升度、命宮、命垣、本命宮、上升星座、東升星座、浮升命度。

・守護行星：火星。
・相對星座：天秤座。
・星座句訣：我是（I Am）。
・星座字訣：創始、逞強、領導、先驅、自信、勇敢。
・入廟行星：火星。
・旺勢行星：太陽。
・落陷行星：土星。
・弱勢行星：土星、天王星。
・身體部位：頭、臉、大腦、上排牙齒等。
・星座疾病：頭痛、頭部、眼部、牙疾等。
・星座特點：最好的特質是具有「領導力」。白羊座由火星所主宰，它使你具有侵略性，暴躁的氣質與性感。在冒險性的事業上你一路領先，因而需要大量的勇氣與精力；對你而言這是一種邁向成功之路的挑戰。你那大無畏的勇氣經常展現並且爲他人所欽佩，天性上你是衝動而易怒的。

・正面特徵：先驅的、執行的、競爭的、衝動的、熱望的、勇敢的、獨立的、活躍的、活於現在的、快速的。

・負面特徵：專制的、性急的、暴烈的、草率的、自大的、粗魯的、不服從的、虎頭蛇尾的、凡是「我先」的、過份殷勤的、好管閒事的、專制弄權的、盛氣凌人的、缺乏耐心的、自私自利的、無法忍受批評的。

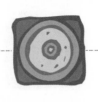

白羊座的基本認識

・白羊座是黃道十二宮中的第一宮，是主宰3月21日至4月20日的命宮。

・白羊座的形象是一隻公羊，傳說是古希臘阿塔瑪斯國王的兒子弗里克修斯，伏在公羊的背上，平安的從色薩利逃亡到科爾奇斯，弗里克修斯把公羊獻給宙斯當祭禮，宙斯將公羊化爲天上的星座。

春天出生白羊座人的性格特點

·此座是黃道和春天的第一個星座。春臨大地，萬物活潑的生命力都展現在白羊座人的身上，春天的氣息賦予他嶄新的生機，他欣欣向榮洋溢著熱情。

·他需要毫不吝惜的燃燒自己激情的能量，他不委曲求全，搞權宜之計，也從不注意細節，此座的人優點是當機立斷，付之行動和速戰速決，缺點是說話做事不夠審愼周密，很少注意到迂迴的空間，缺乏冷靜的頭腦和周延的思索。

·如果命宮、太陽或月球在此星座中，那麼他會是一個朝氣蓬勃、慷慨眞誠，熱情坦率、堅強勇敢、動作敏捷和略帶固執的人。

白羊座命宮或太陽在白羊座人的個性

・白羊座人的關鍵詞是活力，駕駛汽車、快艇或機車都是橫衝直撞，其目的就是要比別人快。

・對感情積極主動從不掩飾，要嘛熱情洋溢，要嘛怒目相向，如果他的願望碰到阻礙，他決不善罷干休。

・不管在家裡還是外出，衝動莽撞容易引起無謂的爭執，一旦事過境遷就完全棄之腦後，不會懷恨在心。

・假如他是一個知識份子，他會有敏捷活躍的思考力和獨特的判斷力。

・白羊座最討厭的是單調和索然無味的生活，一向我行我素，不受人約束，他寧爲鴻首不爲牛後。爲了開創事業，不惜耗盡體力，幾近崩潰也要爭「第一」。

・具備不服輸的個性，從不在困難、失敗前面低頭。勇往直前、不聽規勸的態度，給人一種「獨裁者」的印象，這一點往往影響工作上的人際關係。

・因常帶頭冒險往前衝刺，其獨特的魅力也吸引別人加入追隨，而發揮出整體的力量，也因此容易侵犯他人權益，而招致樹敵。

・白羊座人具有拓荒者的精神。鬥爭、探索和征服對他來說，要比金錢更有誘惑力。一旦有錢，慷慨大方、揮霍無度，或是投入到冒險的事業中去，當經濟拮据時，也不會坐以待斃，總能找到方法、突破困境、打開僵局，他非常喜歡千變萬化，會不停的轉換興趣和目標。

・變換是他生活中不可缺少的調味品，因為他最厭惡的就是單調和乏味的生活，喜歡從事體育、軍事和機械等一切能大量消耗體力的工作或職業。

・白羊座的人凡事都能勝任愉快，並成為個中好手，鋌而走險的念頭常常圍繞著他，他有可能成功，也有可能碰上挫敗，所以他的未來與變換莫測的激情休戚與共。

・白羊座人的一生不太幸運，他的人生將會遇上許多麻煩，但通過忍耐和孜孜不倦的努力，將會戰勝這些艱難險阻。

・他從不掩飾自己的感情，要嘛熱情洋溢，要嘛怒氣衝天。如果他的願望受阻，他也絕不畏難而止。無論處在什麼樣的環境之下，他都善於爭執，但事後從不計較。

・在困難和危險關頭，他能充分表現出自己的品格和勇氣，常受到人們的敬佩和讚揚。

・此星座的人喜歡一種自行其是、無拘無束的生活。他有極強的自尊心，無論做什麼事，無論付出多大的代價，也要力爭名列前茅。

・白羊座的人無論做什麼事常常帶有啓發性和影響性。能引導別人進入

他所希望的軌道，並使其發揮作用。

・白羊座人最富有首創精神。他的特點主要表現在當機立斷，付之行動和速戰速決。他不搞權宜之計，不委曲求全，也從不注意細節。他具有一定的冒險精神，他可能是個成功者，但也常常會遇到很大的困難和挫折。

白羊座女性的性格、情感與愛情生活

・白羊座女性是個性極強、不怕挫折的女性，當她激情滿懷時，很難控制自己。對自己鍾情的男性，她會毫不顧忌地去追求。一般情況下，她不喜歡處於被男性追求的地位，她不願充當家庭主婦的角色，即使是，也要發號施令。

・她喜歡凡事以「自我」爲中心。她總是想做些令人難以置信而她又有能力做到的事，要想使她的情緒和身體受到影響，只有讓她在實踐中去折騰。

・這是個洋溢著熱情的女性，她的思想像政治家，她的信念像修女；她對生活的熱情像舞蹈家。

・此座的人愛好自由，善於爭辯，她和人針鋒相對，是爲維護自己的看法和見解，她是個充滿拚鬥精神的女性，勇於直諫，敢於放手一博，不畏艱鉅，但性格中總是缺少那麼一絲溫柔，也是個倔強的女性，當激情滿懷，她無法控制自己的情感，甚至毫無忌諱的去追求自己所喜愛的男性，一般來說，她不喜歡處於被動的地位。

・白羊座的女性不喜歡充當家庭主婦的角色。就算是，也要聽她發號施令。她希望生活的拍子能隨著她的指揮棒跳舞。

・她總是做一些令人意想不到的事，但她能完全的控制掌握，如果不讓她達到既定目標，她的情緒和健康就會受到影響。假如她的丈夫能在事業上與她攜手共進，她將會表現傑出的才華，但是要立足在平等的基礎上。

白羊與白羊

・同樣白羊座的男性，會贏得白羊座女性的好感。

白羊與獅子

・獅子座男性是她理想的生活伴侶，和獅子男性結爲夫妻，有助於實現她事業上和生活上的美好圓滿。

白羊與人馬

・和人馬座男性相遇，他們會濃情蜜意，這個寬宏大量的男性，會與她那緊迫的生活步調一致。

白羊與天秤

・和天秤座的男性結合，最能夠博取白羊座女性的好感，她能使他順從自己的意願。反過來，他也能使她變得含情脈脈。

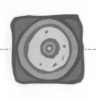

白羊座男性的性格、情感與愛情生活

・白羊座的男性從不相信任何失敗，總是激情滿杯，知難而進。這種性格在他愛情生活中表現得尤其突出，他總是用激情去打動女性。

・白羊座人的愛情生活常是起伏不定。他滿懷熱情去打動女性的芳心，如果他追求的女性有所挽拒，或求愛過程中遇上阻力，更會激發他不惜付出任何代價，排除萬難去贏得他所愛的人。

・白羊座的男性可視爲「超人」，他總是希望能得到敬仰，被與眾不同的狂熱所驅使，愛表現出一付唯我獨尊和壓倒一切的姿態，他不相信失敗，總是滿腔熱血越挫越勇，他喜歡長驅直入，速戰速決和勝利在望。

・他的生活步調緊迫，行動中充滿狂熱，在家裡徹底推動自己的目標和志趣，而在外面則不輕易失言和表現出不適當的舉動，在處理重大事情時，勇於擔當，竭盡所能，務必完成。

白羊與獅子

・善解人意的獅子座女性與他情投意合，是生活中的理想伴侶。她能理解他的滿腔激情，並支持他永恆的打拚慾望。

白羊與人馬

・和人馬座的女性可結爲理想夫妻，他們的生活會充滿與眾不同的浪漫色彩。

白羊與雙魚

・富有魅力的雙魚座女性，懂得用她多情的魅力去撥動白羊座男性的心弦，激情伴隨著幻夢，這是他們共同生活的奏鳴曲。

・白羊女性認爲雙魚出類拔萃、才貌出眾而爲其傾心，並寄以無限欽慕，更會贏得白羊女性的愛慕。

白羊座兒童的教育與發展

・白羊座的兒童特點是好動，反抗精神強，很難規範，這個令人懊惱的小孩，發起脾氣會鬧得天翻地覆，但轉眼間便霧消雲散。

・他需要強人式的權威來引導前進，千萬不要對他過於放任，否則很快使你焦頭爛額，要注意培養他守秩序守紀律的觀念，和良好的生活習慣，並善加運用他的優越感。

・最重要是消耗掉他多餘的體力，鼓勵他多參加劇烈的體育活動，若是傷痕累累，也不用在意，因爲這樣才能使他身體和精神得到一個平衡點。

・他永遠不肯呆在家裡，英國式的生活教育，對他非常合適，在這樣的教養環境中，能使他成爲深獲眾望的表率。

・白羊座的兒童缺乏學習熱情。他的天賦通常表現在探索、軍事技術、機械和一切需要良好體能和毅力的事業方面，他熱衷發現、探索、開拓。

・他的最好職業是創辦人、軍人、職業運動員、廣告商、企業家、機械師或者從事林業及其他體力方面的勞動。

白羊座代表人物

男性

澎恰恰、林漢陽、樓學賢、李正帆、黃子佼、侯冠群、邱心志、張信哲、陳復明、成龍、溫金龍、王夢麟、陳文彬、龍劭華。

女性

方芳芳、郝思嘉、季芹、蕭唯真、徐雅琪、鄭怡、甄琍、甄珍、甄妮、陳文茜、任潔玲、葉歡。

國外

宮澤理惠（日本明星）、華倫比提（美國影星）、艾迪墨菲（美藝人）、安徒生（丹麥童話作家）、左拉（法國作家）、戈雅（西班牙畫家）、梵谷（荷蘭畫家）、高爾基（蘇聯作家）、班森（德國化學家）、馬龍白蘭度（美國電影演員）。

其他

1910	3／22	宣統2、2、12	廖文毅	台獨運動人士
1899	3／23	光緒25、2、12	蔣宋美齡	前第一夫人
1935	3／25	民國24、2、21	林　黛	影后明星（自殺）
1959	3／25	民國48、2、17	陳文茜	前民進黨文宣部主任
1917	3／27	民國6、2、5	喬長虹	洗髓功大師
1940	4／6	民國29、2、29	陳由豪	東帝士集團負責人
1950	4／11	民國39、2、25	吳東亮	新光集團總經理

1953	4/11	民國42、2、28	辜啓允	和信電視董事長
1927	4/12	民國16、3、11	楊日松	名法醫
1928	4/16	民國17、②、26	陳田錨	高雄市望族
1930	4/16	光緒29、3、19	尹仲容	財經專家
1910	4/16	宣統2、3、07	余紀忠	中國時報董事長
1905	4/17	光緒31、3、13	倪文亞	前立法院院長
1938	4/20	民國27、3、20	瓊瑤	小說家

金牛座

・星座名稱：金牛座、第二宮，西名Taurus（Tau, Ta）。

・掌管時間：4月20、21日～5月20、21日。

・中國古名：大梁、第四宮、冀州、趙國、雞宮、酉宮0度～29度。

・星座別名：日名牡牛座、誤名天牛座。

・符號意義：金牛（The Bull）。公牛的頭與角。

・星座象徵：陰性、地象的固定星座，多產及多情的宮。

・黃道宮度：30度～59度。

・後天宮名：財帛宮。

・守護行星：金星。

・相對星座：天蠍座。

・星座句訣：我有、我擁有（I Have）。

・星座字訣：建立、和諧、穩定、持久、實際、藝術。

・入廟行星：金星。

・旺勢行星：月亮。

・落陷行星：冥王星。

・弱勢行星：天王星。

・身體部位：小腦、腦葉、後頸骨、頸、喉、聲帶、口、舌、耳、上顎、甲狀腺、扁桃腺、下排牙齒等。

・星座疾病：喉頭炎、聲帶炎、喉嘴、聽覺、甲狀腺等。

・星座特點：最好的特質是「穩定性」。金牛由金星所主宰，它賜予你崇尚美、舒適，而且使你羅曼蒂克。在任何事業上你都是勤勉的，有耐心的與固執的。你的執著一次又一次的得到成果。

・正面特徵：有耐心的、保守的、家居生活的、官能的、徹底的、穩定的、依賴的、實際的、藝術的、忠實的。

・負面特徵：固執的、倔強的、頑固的、堅持的、剛愎的、耽溺的、慢動作的、好辯的、壞脾氣的、充滿佔有慾的、貪婪的、自我放縱的、物質主義的、自我意識過強的，希冀控制每一個人的。

金牛座的基本認識

・金牛座是黃道十二宮的第二宮，是主宰4月21日至5月21日的命宮。

・金牛座的形象是一頭公牛，在希臘神話中眾神之王宙斯，爲了躲避眾神之后希拉的耳目，把自己化爲一頭白牛，劫走了歐羅巴，事後將他化作白牛的模樣置於天上。

春天出生金牛座人的性格特點

・繼充滿活力的白羊座之後，金牛座是不輕易浪費自己能量的，此座的人不喜歡毫無意義的說教，無緣無故的行事和失去理智的激動，他不放任感情，也沒有壓迫感，他是個有強烈抑制精神和思想的人，總是按一定尺度去進行。

・如果星盤中金牛座強烈，那麼他會有良好的自衛本能。思想一成不變，比較嘮叨，積極方面看，他的性格平穩，有毅力和耐心，勤勞智慧，富有苦幹實幹的精神，爲人處世小心謹慎，感情眞誠專一。

・他有非常敏銳的感官，內心懷有各種不同的慾望。喜歡舒適的生活環境，大自然壯麗景色、花草和寧靜。

・從消極方面來看，這些優點的背後隱藏著嫉妒、悲觀、多疑、沉默、陰森、孤僻的性格，很難改變自己的看法。另外，他堅持己見，對事物易產生偏激和狹隘的觀點。

金牛座命宮或太陽在金牛座人的個性

・金牛座是一個喜歡按照自己擬定的計劃行事的人，他不肯輕易改變自己的生活習慣，固執己見是他性格上的特點也是主要缺點。

・思想趨向保守，善於理財，當他擁有一定數目的財產，手頭不覺得短缺時，他才能泰然處之。平時溫文爾雅的他，一旦被激怒，會變得像頭蠻牛一般不可理喻。

・對逆境的適應能力很慢，失敗和挫折能使他意志消沉，他會跟自己生悶氣，把自己囚禁在無聲的憤怒中，拒絕與外界的一切接觸，等待時機好轉，他又會重新振作起來，以絕無僅有的工作熱忱去實現自己的目標，然而邁向成功的路總是漫長，但又是確定無疑的，尤其表現在建築、商業、財經等方面。

・經濟上非常現實，善於妥當安排自己的家庭生活和物質生活，在事業上是個強者，具有經營理念的才華。

・金牛座的人家庭觀念很強，他把家庭當做爲寄託自己和安居樂業並生活的堅固城堡，他愛子女勝過一切，並對他們寄予厚望。

・受到月亮或金星強有力的影響，金牛座的人常常會選擇藝術或戲劇生涯，許多聲樂家和戲劇界人士的本命星盤都是以金牛座爲主。

・固執己見是金牛座人的突出特點，這是個喜歡按自己的人生哲學走路的人，從不輕易改變自己已經習慣了的生活方式。平時溫文爾雅，一旦觸怒了他，便會變得令人望而生畏。

・金牛座的人具有很強的家庭觀念，他把家庭生活當做自己幸福和安居樂業的可靠聖殿。他很現實，十分善於安排自己的物質和家庭生活。由於他天生具有的無懈可擊的才華，他在事業上將是個成功者。

・由於他的任性和固執，致使他對事物很容易產生偏激和狹隘的看法。從積極的角度來看，他的性格穩定，有毅力和耐心，勤勞樸實，富有實幹精神，爲人處世小心翼翼，感情專一。

・此外，他的內心懷有各種願望，喜歡生活在舒適的環境裡。不過從消極的角度來看，其優點背後隱藏著多疑、妒嫉、悲觀、消沉、沉默、孤獨的性格特點。

金牛座女性的性格、情感與愛情生活

・金牛座的女性是個身體健康、充滿活力、生活慾望強烈的女性。她喜歡無憂無慮地生活，她渴望經歷戀愛、結婚、家庭、孩子和美味佳餚過程的愛情生活。

・此座女性屬內向型性格，喜歡經濟上的獨立。嫉妒心強。然而一旦她確信自己得到所愛的人的眞愛，她會成爲最賢慧、最溫柔、最忠誠的好妻子。

・金牛是一個身材姣好、精力充沛、生活慾望強烈的動人女性，很會按照女人的特點無憂無慮的過日子。

・她頗具魅力，渴望經歷愛情生活的全部過程：戀愛、結婚、家庭、孩子和美食。

・一旦更年期到來若碰上挫折，她的性格容易產生變化，像心情抑鬱、煩燥、自我意識突出，促使她轉而去尋求物質和精神上的安慰。

・金牛座的女性是一個理想的家庭主婦，出色的女主人和精明幹練的經紀人。她能使周遭的人感到快樂，高超的烹飪技術會使她的家人和朋友讚不絕口。

・本座的女性是園藝方面的能手，喜歡把自己的住所，遍植鮮花和茂盛的綠色植物，希望自己的生活環境比任何地方都生氣盎然。只有當她的生活充滿安詳的田園氣息，看到自己子女茁壯成長時，她才會感到置身在眞正的幸福之中。

・金牛座的女性性格偏於內向，經濟上喜歡自理，嫉妒心經常折磨著她。然而一旦她確信得到自己所愛的人眞心的承諾，她會成爲一個最賢慧、最忠心耿耿的妻子。

金牛與金牛

・同樣金牛座的男性能彌補她性格上的不足、儘管在生活中難免會有些矛盾和摩擦，但和諧的私生活是她精神上的依托，使她得到身心上的平衡。

金牛與摩羯

・能與她志同道合的是摩羯座男性，在工作上，他們互相幫助，在生活中彼此關心、體貼、照顧。

金牛與室女

・與室女座的男性結合，有助於她建立穩定和幸福的家庭。

金牛座男性的性格、情感與愛情生活

・金牛座的男性喜歡一種穩定持久的生活環境，討厭別人擾亂他的生活。

・此星座的男性感情節奏變化比較緩慢，然而一旦投入，將陷入無法自拔的境地。無論在愛情上還是在物質尋求上，都是以安全和可靠做爲權衡的主要標準，這是他性格和思想上的標準。

・此座男性在結婚前首先考慮的是：這種結合對彼此是否有利，特別是對方家境及其工作能力是他選擇伴侶的先決條件，因爲他需要的妻子是個既能承擔家庭生活責任，又能在事業上對他有所幫助的女性。

·他十分欣賞能燒一手好菜的妻子。美滿、和諧的生活是他們的感情基礎，生理上的平衡在他的生活中佔有極其重要的地位。他的生活重心是家庭和孩子，這也是他歡樂與自豪的資本。

·他是一個喜歡安定的生活和喜愛田園性格的人，感情的節奏總是慢半拍，然而一經觸動將會身不由己，無法自拔。穩定而持久的生活，對他非常重要。

·他不喜歡素不相識或萍水相逢的人來擾亂他的生活，他是一個多忠多慮的人，也是一個不會拒絕享樂的人，美味佳餚是他生活中不可缺少的伴侶，無論在愛情，還是在物質的追求上，他都是以安全和可靠爲第一準則，這甚至是他性格和思想的基礎。

・他性格平實穩健，很少動怒，不過一旦發作則非同小可，會令人膽戰心驚。

金牛與天蠍

・能與他情投意合的是天蠍座的女性，但由於他們個性都很強，容易引起衝突與不和。

金牛與室女、摩羯

・他生活中的理想伴侶是室女座或摩羯座女性，生活會很充實、和諧和友愛。這兩個星座女性在體貼丈夫、料理家務和培養、照顧子女方面各有所長。

金牛座兒童的教育與發展

・金牛座的兒童一向是慢條斯理，他做事或思考問題的時候，不要去催促他。否則他會變得固執或消極，以至被認爲十分愚笨，一旦讓他步入正軌，情況就大不相同，他會表現出頑強的刻苦精神。

・對於此座的兒童，要以極大的耐心慢慢引導他步入正確方向，以後他便會自動埋頭鑽研下去，永不偏離設定的航道。但先決條件要給他足夠的時間，能讓他心平氣和的學習，他不喜歡變化，需要有規律的生活步調，和使他安詳自在的生活環境。

・此座的兒童大多熱愛大自然，對田園生活非常嚮往，趕著牛隻走在田埂上，是他最渴望的生活意境，從他的發展趨勢來看，紮根在農村要比固守在城市，更能發揮他的才能。

・他的理想出路是農業、財經、管理、商業、食品、成衣業、雕刻、歌手或演員。

金牛座代表人物

男性

馬兆駿、尹昭德、文章、王力宏、邰智源、李濤、高明駿、黃仲齊、謝祖武、張宇、陳志朋、黃李越、劉錚、小松、小柏、蘇志威。

女性

白冰冰、方芳、林憶蓮、李祖寧、李翊君、何方、夏玲玲、張仲嘉、趙詠華、陳淑樺、陳德容、左安安、曹蘭、蔡燦得、崔麗心、孫明明、謝麗金、曹又方、徐仲薇、蔣徐乃錦。

國外

田中裕子（日本影星）、巴爾札克（音樂家）、卡爾・馬克思（思想家）、佛洛依德（心理學家）、列寧（蘇聯政治家）、亨利方達（美名影星）。

其他

1889	4／20	光緒15、3、21	希特勒	納粹領袖
1953	4／21	民國42、3、8	胡因夢	影星
1935	4／25	民國24、3、23	李　敖	歷史學家
1920	4／25	民國9、3、7	周聯華	牧師
1963	4／26	民國52、4、3	李連杰	武打明星
1931	4／29	民國20、3、12	胡金詮	名導演
1902	4／30	光緒28、3、23	谷正綱	反共領袖
1899	5／1	光緒25、3、22	邵逸夫	香港邵氏影業
1941	5／2	民國30、4、7	章孝嚴	國民黨祕書長
1941	5／2	民國30、4、7	章孝慈	前東吳大學校長

1946	5/9	民國35、4、9	謝長廷	高雄市市長
1954	5/9	民國43、4、9	成　龍	港台功夫演員
1913	5/10	民國2、4、5	吳健雄	物理學家
1942	5/14	民國31、3、30	宋楚瑜	前台灣省省長
1937	5/14	民國26、4、5	釋證嚴	慈濟功德會
1936	5/14	民國25、③、24	劉泰英	國民黨投管會主委
1927	5/15	民國16、4、15	林洋港	前司法院院長
1938	5/17	民國27、4、18	張俊宏	民進黨秘書長
1955	5/18	民國44、③、27	周潤發	影帝
1918	5/19	民國7、5、10	孔令晟	前警政署長
1940	5/20	民國29、4、14	王貞治	棒球明星

雙子座

・星座名稱：雙子座、第三宮，西名Gemini（Gem, Ge）。
・掌管時間：5月21、22日~6月20、21日。
・中國古名：實沉、第五宮、益州、晉國、猴宮、申宮0度~29度。
・星座別名：古名陰陽座、誤名孿生座。
・符號意義：孿生子（The Twins）。羅馬數字II。
・星座象徵：陽性、風象的變動星座，雄渾有力，充滿野性。
・黃道宮度：60度~89度。
・後天宮名：兄弟宮。
・守護行星：水星。

・相對星座：人馬座。

・星座句訣：我思、我想（I Think）。

・星座字訣：交通、資訊、適應性、易變、靈巧、適應。

・入廟行星：水星。

・旺勢行星：——。

・落陷行星：木星。

・弱勢行星：——。

・身體部位：支氣管、上呼吸道、肺、肺上葉、鎖骨、手、臂、肩膀、神經系統。

・星座疾病：支氣管炎、結核病、手、手臂、肩膀的傷及神經緊張等。

・星座特點：最好的特質是「多才多藝」。雙子由水星所主宰，它驅使你追求相關知識並談論它們。你很容易適應環境或人群。你有三重人格，並且在一生中可過許多種不同的生活。

・正面特徵：雙重性格的、愉快的、好奇的、易適應環境的、善於表達的、機智的、伶俐的、有文學修養的、有發明力的、手巧的。

・負面特徵：善變的、易變的、變動的、變化的、好動的、不穩的、不鎮定的、緊張的、嘮叨的、忘恩的、工於心計的、缺乏專注的、沒有誠意的。

雙子座的基本認識

・雙子座是黃道十二宮的第三宮，是主宰5月22日至6月21日的命宮。

・雙子座的形象是一對孿生子，是指卡斯托爾與波勒克斯兩神，也指其他雙生人物，如霍魯斯兄弟或羅穆魯斯與瑞穆斯。

春天出生雙子座人的特點

・金牛座之後是輕率多變的雙子座，盎然的春意表現在雙子座的人身上是無拘無束，對外界包羅萬象的事物，充滿了好奇心。這是一個興趣廣泛，並願擔任傳播，普及信息的人。

・他的弱點是好動與缺乏耐心，如果他的周圍是一片死寂，沒有生機、更新與變化，他會感到厭煩，這是個缺乏堅定信念與持之以恆精神的人，同時也缺乏思想深度的人。

雙子座命宮或太陽在雙子座人的個性

・雙子座的人是一個追求自由意識、性格單純、不拘小節的人，他活潑、開朗，富有豐富的想像力，而且適應能力很強。不過，他好動，凡事缺

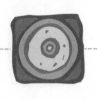

乏耐心。

．此座的人聰明伶俐，甚至有些神經質。喜歡不斷地改換環境，他常常有些令人難以理解的想法，只喜歡做自己感興趣的事。

．他多半喜歡把自己的聰明智慧用在事業上，而不願用在擴大自己的物質利益上，這是他事業成功的依據。

．雙子座的人喜歡快節奏的都市生活，有典型的大城市人的氣質。他喜歡各種各樣的社交活動。由於他缺乏遠見，在漫長的人生旅途中也會遇到坎坷。他特有的靈感和心理感應及善於把握時機的能力，將助於他事業有成。

．他是個心神不定，總想到別處去，轉眼之間就無影無蹤的人，這是雙子座的人性格上的主要特點。

．心思活躍，有時會缺乏冷靜的權衡，他需要不斷更換環境，如外出旅行和別人做思想上的溝通，或是在各方面表現自己，否則他就會感到煩躁不安。

・雙子座的人聰明伶俐，略帶神經質與輕率，他常沉緬於令人難以理解的思維中，只喜歡做他感興趣與使自己開心的事。

・他是個消息靈通人士，世上發生的事情他無所不知、無所不曉，腦袋中塡滿許許多多新奇想法，但很難付諸實現。不是半途而廢，就是被同時出現在腦海中的兩個或更多個點子，弄得不知所措、進退兩難。

・他的想法與建議，往往會被思維比他更實際，更富有毅力的人所採用。不過，原則上他總是第一個開創通向成功之路的人，挑起朋友的積極性是這一星座人的顯著特點。

・他多半喜歡把自己的聰明才智，運用在事業方面，不願意用以擴大自己的物質利益，他的突發奇想大於事業上的精進。還有一個顯明的特點，他善於與自己朋友調頭寸週轉，以解燃眉之急。

・雙子座的人有典型都市人的氣質，生活節奏快，每天有不同的活動與約會，但大多缺乏高瞻遠矚，在人生的旅程中歷經坎坷，每每在這個時候，他都能找到妥善的辦法，擺脫困境，如果此時有幾個行星處於雙子座，或者水星在本命盤中影響力較大時，這些傾向更爲明顯。

・適合從事文學、商業及需要語言表達能力的職業，在這方面他能脫穎而出。另外，在新聞、攝影、旅行及一些需要機智、靈活與果敢的工作中，或涉及人際關係方面的工作中，他會表現出非凡的才能。

・若是土星的影響力較大時，他將成爲一個出色的實業家，他對金融具有特殊心理感應與善於把握時機的能力，有助於他事業上的成功。

雙子座女性的性格、情感與愛情生活

・雙子座的女性內心充滿著美好的幻想、她的感情，猶如一首優美的狂

想曲。她的內心總是閃耀美好、歡樂、幸福、愛情和理想的火花。她希望自己永遠生活在一種無憂無慮的環境裡，經常企盼親朋好友的光臨。

・她很容易喚起別人的愛慕心，但她的感情並非垂手可得。有時一句話可以打動她的心，一點小事也可能使她揚長而去。

・一般來說，雙子座的女性會有豐富的愛情生活，她期待著美好的愛情能給她帶來無盡的歡樂。她喜歡內容豐富多彩的生活，不喜歡平淡無奇的家庭生活。

・這是一個富有異國風情與魅力的女性，思想新穎，內心充滿美好的幻想。

・她聰明活潑，有些神經質，內心總是閃耀著美好、歡樂、幸福、愛情與理想的火花。她希望自己永遠置身在無憂無慮的樂園中，喜歡用緊張的工作，頻繁的活動，來驅散自己的煩惱與排遣寂寞。

・雙子座的女性非常理智，善於利用錯綜複雜的形勢，並在緊要關頭作出正確的選擇，她期待美好的愛情所帶來的歡樂，一般來說，此座的女性會有豐富的愛情生活，尤其是金星在雙子座時。

・她不喜歡平淡無味的家庭生活，她希望生活的內容豐富多彩，千變萬化；經常出去散步、郊遊或旅行，開闊一下眼界，換換生活環境，結識些新的朋友與陶冶一下性情，這些是她生活中不可缺少的一部份，也是保持高昂情緒的基礎。

・她開朗的性格會感染周圍的人，過度的努力工作，勞累與煩惱，常常會使她疲憊不堪、力不從心。

雙子與人馬

・人馬座的男性會爲她的生活上帶來新的氣息，他們之間建立起來的家庭將是充實的、自由的和浪漫的。

雙子與天秤

·與天秤座的男性結合，有助於她藝術才能的發揮，或者進入高層次的社交生活。

雙子與寶瓶

·如果與寶瓶座的男性結合，她的生活內容將發生質的變化，她將經常出入知識界，結識學者和名人。

雙子座男性的性格、感情與愛情生活

·雙子座的男性是一個善變、適合從事腦力勞動的人才。他的體質脆弱，對愛情疑慮重重。生活中他最需要的是廣大的聽眾，而不是全力以赴的愛情。

·此星座的男性一般不願承擔家庭生活的責任，而喜歡過「一身輕」式的單身生活。一旦結了婚，家庭將是他和朋友聚會的場所。如果他的生活是無憂無慮的，工作時間又不受約束，他將會表現出模範丈夫的許多的優秀品質。

・從容不迫，和藹可親，常給人以永遠是局外人的印象，永無休止的求知慾與好奇心，敦促著他生活的腳步，激勵他不斷的追求與探索。

・他很少有時間去實現這一切，這是個迷人的與有些異想天開的人，喜歡瞬息萬變，不喜歡永恆持久，當他把迷人的和弦彈得恰到好處的時候，他會悄然離去，到別處去吸引新的「聽眾」。

・他的智力天賦在他的身上表現突出。他善於動腦筋想辦法，是一個願望多變的人，適合從事腦力活動，他的體質脆弱，對愛情常常疑慮重重，喜歡用諷刺作爲保護自己的武器。

・他的記事本上寫滿了有用的地址與電話號碼，懂得人情世故，容易贏得別人的信任與厚愛，這一切都歸功他的藝術家般的性格。

・雙子座的男性擅長辭令，詼諧幽默，他的出現很快能使談話氣氛熱烈起來，與他在一起永遠不會感到寂寞。相反，離開朋友、伙伴或者頻繁的社交活動，他會感到生活惆悵、若有所失。

雙子與天秤

・天秤座女性感情細膩，富有激情，熱情好客，喜歡交際，她會豐富雙子座男性的生活意境。

雙子與寶瓶

・寶瓶座的女性有創新精神，智力天賦較強，友誼信念堅定，她是雙子座男性事業上的得力又可靠的助手。

雙子與人馬

・東升命度在人馬座的女性，會與雙子座男性廣博的情趣同步，適應他無拘無束的性格。

雙子座兒童的教育與發展

・雙子座的兒童一分鐘也閒不住，不是東奔西跑，就是會到處看看有什麼新鮮事，他的舉動像頑皮的猴子一樣，很難安份下來，除非有什麼特別好玩的東西吸引他的目光，使他忙得不可開交。

・雙子座兒童的父母最好經常留心自己子女的言行舉止，注意從身心方面去啓發與培養他的靈活性，要潛移默化的加強這方面的訓練。

・此座的兒童，一般都比較聰明，喜歡賣弄知識與勤學好問，他總是表現出與眾不同的創造才能與敏銳的感知力，尤其水星也在雙子座的時候。

・雙子座的兒童喜愛讀書，不管什麼書只要能拿到手，他就能廢寢忘食的讀下去。

・他的最大缺點是注意力過於分散，許多事情都在吸引與激勵著他，要想使他擺脫浮躁與無法專心的毛病，只有加強他有始有終的觀念，把他出色的天性引向一個確定的目標。

・他的理想出路是新聞記者、攝影師、演說家、作家、翻譯、行銷人員、經紀人、商人、以及一切與旅行或外國有關的職業。

雙子座代表人物

男性

侯文詠、小剛、張雨生、張庭、趙傳、李志宏、林強、陳逸達、鄭進一、葉啓田、于冠華、王再得、盧修一、陳傑洲、黃顯宗、許信良、張學良、張學友、吳伯雄。

女性

高怡平、黃嘉千、胡慧中、楊昕曦、吉娜、方文琳、李明依、賴英里、劉若英、陳仙梅、沈時華、鄒美儀、桑妮、蘇芮、俞小凡、章蓉舫、劉嘉芬、賁馨儀、胡珮璉、戴自華、程秀瑛、徐熙娣。

國外

藥師丸（日影星）、亨利・季辛吉（美國前國務卿）、喬治・布希（美41任總統）、鄧肯（美著名演員）、約翰・甘迺迪（美35任總統）、韋恩（英國小說家、詩人）、瑪麗蓮夢露（美名演員）。

其他

1941	5／22	民國30、4、27	盧修一	前民進黨立委
1929	5／24	民國18、4、16	高清愿	統一集團領導人
1941	5／27	民國30、5、2	許信良	前民進黨黨主席
1918	5／28	民國7、5、19	蔣碩傑	中華經研院院長

1924	5/29	民國13、4、26	顏世錫	前警政署長
1954	5/30	民國43、4、28	鄭綿綿	亞洲信託負責人
1950	5/31	民國39、4、15	清 海	名尼
1948	6/1	民國37、4、24	葉啓田	歌星立委（葉憲修）
1926	6/1	民國15、4、21	瑪麗蓮夢露	美已故影星
1901	6/3	光緒27、4、17	張學良	前國軍將領
1950	6/4	民國39、4、19	翁大銘	華隆集團
1940	6/9	民國29、5、4	關 中	考試院副院長
1950	6/10	民國39、4、25	陳婉眞	綠色文教基金會
1908	6/12	光緒34、5、14	高志航	空軍英雄
1942	6/16	民國31、5、3	王贛駿	華裔太空人
1939	6/19	民國28、5、3	吳伯雄	前國民黨秘書長

巨蟹座

・星座名稱：巨蟹座、第四宮，西名Cancer（Cnc, Ca）。
・掌管時間：6月21、22日～7月22、23日。
・中國古名：鶉首、第六宮、雍州、秦國、羊宮、未宮0度～29度。
・星座別名：日名蟹座、誤名天蟹座。
・符號意義：螃蟹（The Crab）。螃蟹的鉗爪。
・星座象徵：陰性、水象的基本星座，並且是女性化而多產的。
・黃道宮度：90度～119度。
・後天宮名：天底宮、田宅宮。
・守護行星：月亮。

・相對星座：摩羯座。
・星座句訣：我感覺（I Feel）。
・星座字訣：感覺、生產力、固執、倔強、母性、守舊。
・入廟行星：月亮。
・旺勢行星：木星。
・落陷行星：土星。
・弱勢行星：火星。
・身體部位：胸腔、乳房、橫膈膜、肺、胃、消化系統、肝上葉、腺體、內分泌、淋巴腺。
・星座疾病：胃潰瘍、大腸炎、胃病、消化不良或胸部問題。
・星座特點：最好的特質是「堅持」。巨蟹由月球所主宰，它使你敏感、具保護性並傾向家務。具有同情心、膽小而多愁善感。活潑的想像力可能使你熱情過度。你總是在協助他人，這可滿足你被需要的慾望。

・正面特徵：堅持的、持久的、直覺的、母性的、家居生活的、敏感的、愛國的、好助人的、有同情心的、感情豐富的、記憶力良好的、遵循傳統的。

・負面特質：耽溺於沉思的、易怒的、難以取悅的、易受傷的、消極的、好操縱人的、過度謹慎的、懶惰的、自私的、自憐的、暴躁的、棘手的、過敏的、膽怯的。

巨蟹座的基本認識

・巨蟹座是黃道十二宮的第四宮。是主宰6月22日至7月22日的命宮。

・巨蟹座的形象是一隻螃蟹，在希臘神話中，這隻螃蟹在赫拉克勒斯與約瑟許德拉作戰中，因夾痛了赫拉克勒斯而被踩死。赫拉克勒斯的敵人，把這隻螃蟹的模樣放置在天上，以示報答。

夏天出生巨蟹座人的主要性格特點

・巨蟹座是夏天開始的第一個星座，夏天把深居簡出、思想保守與敏感的性格帶給這一星座的人，這是個需要自我保護的人。

・出生在巨蟹座的人有慈父母般的熱情，也洋溢著孩子般的純潔與天眞，有很強的自制能力，他需要別人的信任與保護，需要一個適合他的生活與工作的環境。

・巨蟹座的人生哲學是：使自己與家人都能幸福如願。

・他對自己用雙手創造出來的成果感到心滿意足，但總擔心有人會奪走這一切，因此他牢牢的抓住在精神與物質上所擁有的一切。

・此座的優點是正直、熱情、謙虛、謹愼、爲人眞誠、感情細膩、忠心耿耿，頭腦冷靜、富有組織才能、既有耐心又有毅力。

・此座的弱點是多疑多慮、思想保守、依賴性強、性格被動，容易製造驚慌忙亂的氣氛，而在真正危險的時候卻往往不知所措。

・此座人的飲食不是吃太多，要不就吃太少，另外固執、疑慮與沙文主義，也是夏天出生的巨蟹人的主要缺點。

巨蟹座命宮或太陽在巨蟹座人的個性

・巨蟹座人具有超群的直覺和敏感，多半喜歡生活在幻想中，他不願面對生活中的矛盾和衝突，在內心裡和現實中他都盡力把自己與這些紛繁之事隔絕開來。他感情真摯、坦誠，但性格比較脆弱，經常憂心忡忡。

・他喜歡一種不拋頭露面，深居簡出的生活。他不喜歡隨便結交新朋友，不願輕易發表意見和做沒有把握的事，他是個完全可以信賴的人。

・一般來說，這一星座的人很容易贏得他人的好感和支持。他對奇異的事物的感知能力較強，相信機運，事實上，幸運之神也的確常常奇蹟般地出現在他面前。

・由於他特有的責任心和組織能力，使他能在一切與公眾接觸的工作中贏得信心，並發揮他的聰明才智。

・巨蟹座的人不善於在公眾面前表現自己，他對自己和親人的明天，經常過份地擔憂，成年以後，他的經濟狀況會出現意想不到的好轉機。

・這一星座的人需要一個適合自己的生活和工作的環境。需要別人的信任和保護，他珍惜自己在精神上及物質上所擁有的一切。

・他爲人眞誠、正直、熱情、忠心耿耿。富有組織才能，既有耐心又有毅力。有時他的性格被動，思想保守，依賴性強，多疑多慮，容易造成驚慌不安的氣氛。

・超人一等的直覺與敏感是巨蟹座人性格的主要特點。固執、疑慮是這一星座人的主要缺點。

・他通常喜歡生活在旖旎的幻想中，頗有些幻夢於海浪，寄情於藍天的意境。

・他不太能適應旋而即逝的快節奏生活，而喜愛安詳溫馨的環境，以及一切能喚起他想像與感受的氣氛。

・這是一個把人生當作唯一的人，他不願意面對生活中的矛盾與衝突，在內心與現實中，他都盡力把自己與紛亂的事隔絕開來。

・他常常深入電影或小說人物或場景的意境中，慢慢的咀嚼與回味，他可能會長時期的保持童年時代的純眞。

・他的感情眞摯熱忱，但性格較脆弱。經常憂心忡忡，是個深怕別人踩在自己的敏感點上走路的人。

・如果在他的星盤中，沒有火星、天王星或太陽等較強的影響力，那麼他更趨向於形成不愛抛頭露面與深居簡出的性格。

・他不喜歡隨便結交新友，不輕易發表意見與做沒有把握的事，是個可以完全信賴的人。他將始終與他的家庭，尤其是他的母親保持密切的關係。

・巨蟹座的人經常無意識地尋覓著保護。尋找一個可以遵循的規則，或者能歡迎他的處所，這能使他向讓他充分發揮聰明才智的團體靠攏。

・巨蟹座的天賦主要表現在想像、音樂、繪畫、小說、電影與幻想創作方面。在幻想中他喜歡扮演一個角色，從中去確認自身的價值與尋求所需要的自信心，由於主宰行星月亮對他的影響，他可以成爲深受觀眾崇拜的演員。

・他的激情與藝術天賦，能深深打動觀眾的心，尤其當月亮處於黃道第一、七、十宮時更是如此。

・他特有的責任心與組織能力，使他能在一切與大眾接觸的工作中得到信譽，並發揮他的才智。

・巨蟹座的人喜歡美味佳餚，欣賞出色的烹飪技巧。所以餐飲業、旅館業、食品業也是此座人理想的職業發展方向，在護理病人方面也會相當出色。

・在工作中，他的過度敏感會給他帶來麻煩，一絲責難就可能使他內心產生強大的衝擊。相反的，當他覺得自己深受別人信賴時，他會與周圍的人建立良好的關係，激發出無限的眞誠與創造力。

・如果受到月亮與海王星不好相位的影響，某些巨蟹座的人，易受夢幻般漂泊生涯的吸引，其命運是莫測的，有時甚至是悲劇性的。

巨蟹座女性的性格、情感與愛情生活

・巨蟹座的女性是個充滿幻想的天眞又溫情的女人。她的思想常帶些朦朧的意識。她非常鍾情，但往往不知道眞正令她心醉的人是誰。青年時期，她的家庭對她的影響很大，有時甚至會延誤她的婚期。

・母愛之情在這一星座的女性身上得到了充分的體現。一旦有了家庭，她會全力以赴地培養和教育孩子，爲了孩子她甘願獻出全部的愛。她願從一個年長的男性那裡得到父愛和保護。

・她的感官只有在觸及到想像的窗口時才會眞正甦醒，是個心境永遠年輕的人。

・她敏感的神經動輒就會失控，無端的小事即可使她覺得受到了觸犯與傷害。正因如此，她在無聲無息中累積了不滿與憂怨。

・她會懷念過去的某一件事、她的童年或沒能如願的戀情。她喜歡抒情柔美的音樂，欣賞簡單而流暢的藝術，追求深沈而婉約的理解。

・她經常自我反省與剖析，因爲她覺得對自己不甚瞭解。

・她喜歡像菟絲花攀附在大樹上一樣，活在自己的天地間，因爲她需要安靜、和諧與安全，還有渴望一個可以觸發想像的愉悅生活環境。

·憂鬱的氣氛、冷漠的建築與裝飾，會使她產生無法忍受的壓迫感。

巨蟹與摩羯

·摩羯座的男性會理解她的願望，帶給她所需要的安慰和愛。

巨蟹與雙魚

·她與重感情的雙魚座的男性情投意合。

巨蟹與天蠍

·她最需要的伴侶是天蠍座男性，她沉醉在天蠍男性熾熱的情感之中。

巨蟹座男性的性格、情感與愛情生活

·巨蟹座的男性是個充滿溫情和喜歡順從的人。只有在他的領地——家庭中，在妻子和孩子身旁或者與自己的知心朋友在一起時，才能抒發出內心的歡愉。

・家庭是他精神的堡壘，就是這種發自內心眞誠的愛，爲他帶來所必須的精神上的平衡與穩定。巨蟹座男性的眞正幸福是在自己的子女身上，他會把全部的父愛獻給他們。

・他非常需要別人的信任、別人的溫情。他對異性情感方面的需求勝過另一方面，或者兩者兼需。

・性格內向，且帶有某種被動性。敏感使他容易由於別人有意或無意的缺乏熱情或怠慢而被觸怒，他寧願離開那些糾纏不清或不愉快的事情遠遠的，也不願受其影響。

・家庭是他神聖的樂園。他把眞正的幸福建立在家庭上，把自己全部的愛獻給家庭中的每個人。

・他平易近人容易相處，樂意幫助別人，美味常常吊足他的胃口。他深居簡出，同時又嚮往美好的旅行與奇異的探險。

・舉止穩重而有魅力，喜歡鑽研、考証，並有自己的見解，對待事業與生活極其認眞，然而有時不顧現實的固執己見，對沒有得到他人認可的問題或事件，他會採取頑強的抵制態度。

・一般來說，母親對他的一生有至關重要的影響，或者說他很難擺脫母親的影子，他甚至試圖經過戀愛來尋求母愛。

巨蟹與摩羯

・摩羯女性善於承擔生活的責任，並能幫助他從超重的繁忙中解脫出來。

巨蟹與雙魚

他喜歡與他同樣充滿溫情、愛幻想的雙魚座的女性。

巨蟹與天蝎

・熱情的天蝎座女性能喚起他的情感。

巨蟹座兒童的教育與發展

・巨蟹座兒童性格的突出特點是敏感。有時他會敏感到令人難以理解的程度，他需要家庭的溫暖，對父母的離異、不和或其他悲劇，比任何事情對他的打擊與影響都大，會在他思想中烙上深深的印痕，甚至影響他的一生，同時也會加重他天生的不安全感。

・他的母親對他的命運有重大的影響，尤其當閃亮在他的生辰星盤中，具有較強影響力的時候。

・此座的兒童多半時間性情是溫和可愛。他的缺點是反覆無常，這種情緒上的起伏不定，源自於他敏感的性格。

・他動不動就生氣，躲在自己房裡誰也不見，但心地善良，容易受感動而流淚。如果能善加利用這一特點，就能充分掌握他各方面的優點。

・他對奇異事物的興趣濃厚，神奇迷離的故事、冒險旅行或奇遇記等都會使他入迷。

・在學習方面，所有能激發他想像力的課程：文學、歷史、音樂、繪畫、地理等，他都能學得很出色，但沒興趣讀死記硬背的科目。

・他的理想職業出路是：與大眾相接觸的職業、音樂、詩歌、幻想創作、海軍、電影、神秘學、食品加工業、旅館業或醫務工作。

巨蟹座代表人物

男性

費玉清、林隆璇、林志炫、羅大佑、李宗盛、梁朝偉、劉錫明、許效舜、蕭言中、張立基、周星馳、任賢齊、曹啓泰、王中平、袁惟仁、林志斌、楊一峰、楊克強、張學友、盧勝彥、席德進、朱永崑、黎建球、秦漢。

女性

潘美辰、傅娟、黃雅珉、金佩珊、喬可欣、張艾嘉、張瑞竹、鍾楚紅、陳美鳳、沈芳如、蘇霈、王瑞玲、萬芳、趙欣、陳孝萱、陳艾湄。

國外

席維斯史特龍（美影星）、海明威（美文學家）、中森明菜（日本明星）、黛安娜（英國王妃）、盧梭（法國思想家）、龐畢度（法國總統）、喬治・桑（法國浪漫主義小說家）、普魯斯特（20世紀法國小說家）、珍娜露露・布麗姬妲（義大利著名影星）、米海依・馬蒂埃（法國當代女歌唱家）。

其他

1937	6／22	民國26、5、14	陳履安	前監察院院長
1948	6／23	民國37、5、17	林鈺祥	前立委
1897	6／25	光緒23、5、26	雷震	前陸軍總司令

1945	6／27	民國34、5、18	盧勝彥	宗教人士
1923	6／28	民國12、5、15	席德進	故名畫家
1961	7／1	民國50、5、19	黛安娜	前英國王妃
1957	7／2	民國46、6、5	蔡子明	香港電影鉅子
1956	7／3	民國45、5、25	周　荃	前新黨立委
1907	7／5	光緒33、5、25	楊尚昆	中共國家主席（已故）
1896	7／5	光緒22、5、25	茅　盾	文學家（沈雁冰）
1918	7／7	民國7、6、29	利國偉	恆生銀行董事長
1938	7／7	民國27、6、10	李鍾桂	救國團主任
1929	7／8	民國18、6、2	姜必寧	總統御醫
1964	7／10	民國53、6、2	周星馳	喜劇明星
1946	7／10	民國35、6、12	秦　漢	影星

1931	7/10	民國20、5、25	張忠謀	台積電董事長
1959	7/12	民國48、6、7	胡 瓜	名主持人
1965	7/13	民國54、6、15	中森明菜	日本影星
1950	7/13	民國39、5、29	馬英九	台北市市長
1940	7/19	民國29、6、15	郁慕明	新黨元老
1947	7/19	民國36、6、2	邱復生	TVBS董事長
1918	7/20	民國7、7、13	郝柏村	前行政院院長
1953	7/21	民國42、6、11	張艾嘉	影歌星

獅子座

- 星座名稱：獅子座、第五宮，西名Leo（Leo, Le）。
- 掌管時間：7月23、24日～8月22、23日。
- 中國古名：鶉火第七宮、梁州、周國、馬宮、午宮0度～29度。
- 星座別名：日名獅座、古名師子座、誤名天獅座。
- 符號意義：獅子（The Lion）。獅頭與獅尾。
- 星座象徵：陽性、火象的固定星座，並且雄渾有力而充滿野性。
- 黃道宮度：120度～149度。
- 後天宮名：子女宮。
- 守護行星：太陽。

・相對星座：寶瓶座。

・星座句訣：我要（I Will）。

・星座字訣：表達感情思想、影響、仁慈、親和、高貴、樂觀。

・入廟行星：太陽。

・旺勢行星：海王星。

・落陷行星：天王星。

・弱勢行星：——。

・身體部位：心臟、前胸、後背、上背、背脊椎、側腹。

・星座疾病：心臟病、背痛與脊椎骨問題。

・星座特點：最好的特質是「仁慈」。獅子由火所主宰，它使你想當老闆，當每個人的領袖。你野心勃勃的想爬上巔峰，即使冒險在所不惜。你所有的私生活與事業都很堂皇而浮誇，你擁有不屈不撓的意志。

・正面特徵：戲劇性的、理想主義的、驕傲的、野心勃勃的、有創造力的、高貴的、浪漫的、慷慨的、有自信的、樂觀的。

・負面特徵：虛榮的、炫耀的、虛偽的、追求社會地位的、孩子氣的、自大的、怕受嘲弄的、殘酷的、專橫的、統治的、管制的、支配的、掌握的、過於自我主義的、充滿不滿情緒的。

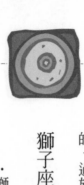

獅子座的基本認識

・獅子座是黃道十二宮的第五宮，是主宰7月23日至8月23日的命宮。

・獅子座的形象是一頭雄獅，通常指希臘神話中，赫拉克勒斯殺死的獅子墨亞。

夏天出生獅子座人的特點

・獅子座是夏天的第二個星座。炎熱的夏天賦予此座的人果敢與膽識，他的主要特點是思想開放，竭盡全力衝破自己能量的極限，戰勝艱難險阻。

・但有時過分的相信自己的力量與優勢，這是一個能開創新局面與成就大事業的人。

・獅子座的人風度翩翩，引人注目。有遠大的志向、堅忍不拔的毅力、無人可及的競爭力，膽識過人，爲人胸襟坦蕩，寬宏大量，熱情洋溢。

・他們思想中經常閃爍著英雄主義與理想主義的火花。他的弱點是高傲，過於敏感與坦誠，做事或考慮問題有時欠缺審慎態度，不知預留退路與過於簡化。容易爲表象所迷惑，以致犯上陳年的八股教條。

獅子座命宮或太陽在獅子座人的個性

・獅子座的人，威嚴、寬厚、仁慈而且高傲。尊嚴、慷慨的性格以及非

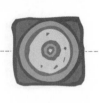

凡的才華使他容易走上享有威望的職位。

・為了滿足自己對奢華生活的需求，他希望把自己的房間裝飾得富麗堂皇，希望自己的家就是一個佈滿藝術品的世界。

・獅子座的人不願置身平庸的生活中，不願沉溺於狹窄的家庭圈子裡，而希望到更大的範圍中去施展自己的才智。有時他會遇到些困難，不過他很快就會擺脫困境，他頗通曉人生和事業成功的秘訣。

・如果事與願違的話，他將感到痛苦不堪，被抑制的傲慢天性會使他產生錯綜複雜的心理，並有可能直接影響他的身體和精神狀況。一般來說，無論在社交，還是在職業生活中，獅子座的人都有著輝煌的前程。

・獅子座的特點是需要愉快的心情，否則，他將變得憂鬱寡歡，失去他的魅力和光彩。休息會使他感到疲勞，他最好在頻繁的活動中放鬆自己。

・獅子座的人風度翩翩，引人注目。他有宏偉的志向，堅韌不拔的毅力，所向披靡的競爭力。膽識過人，爲人胸襟坦蕩，寬宏大量，熱情洋溢。他的思想中經常閃爍著英雄主義和理想主義的火花。

・他的弱點是高傲，過於敏感。做事與考慮問題時缺乏謹愼態度，不留餘地或過於簡單化，容易被表象所迷惑，以致犯教條主義錯誤。

・正如神話故事所描繪的國王一樣，獅子座的人威嚴、寬厚、仁慈而高傲。他的內心沸騰著強烈的激情，渾身充滿活力與生機。

・獅子座的人很會理財，這不光是爲了自己也是爲了別人。但也經常揮金如土，以滿足自己對奢華生活的需求。

・一旦他的事業獲得成功，他會使所有信賴他的人，得到眞誠的保護，他善於發現爲自己工作的人的優點，及時肯定他們的成績，激發他們的工作熱情與獻身精神。

・崇高的理想使他不願意呆在狹小的生活圈子裡，而希望到更廣闊的世界裡，去發揮自己的才智。

・獅子有時會表現得專橫跋扈，但這和他肯為別人的幸福而努力奔波的善良心地，並行不悖。

・如果事與願違的話，他將感到痛苦不堪，被壓抑的傲慢天性，最終會使他產生錯綜複雜的心理，並有可能直接影響他的精神與身體狀況。

・一般來說，無論在人際、社交、還是職業生活中，獅子座的人有著輝煌的前程。如果太陽加上幾個行星位於獅子座，這種非同一般的美好前程會更為顯著。

獅子座女性的性格、情感與愛情生活

・獅子座的女性會不惜一切代價追求她夢寐以求的愛情，但只有那些具有特殊才幹或能給她「光輝燦爛」生活的男人，才能征服她的心。她是一個賢慧

的女主人，會很客氣的招待自己的親朋好友，但她無力承受婚姻中的波動。

·獅子座的女性能力很強，充滿自信，至少她試圖給人這樣的印象。不管任何事，她竭盡全力接受人們對她的讚美，從不屈就次要角色，而是要當主秀，成爲強者。假如她的願望受挫或努力失敗，更會激發她權力的慾望。

·如果她夢寐以求的愛情不能如願以償，她將不惜任何代價，繼續爲自己新的願望與理想而奮鬥。

·獅子座女性從不承認失敗，萬一她理想的婚姻夭折，她的情緒會受到極大的震撼，需要相當長的時間才能平復。

獅子與寶瓶

·與寶瓶座的男性結合，會撥動她的心弦。他不像獅子座的女性那麼雄心勃勃，他們的生活將是穩定與和諧。

獅子與白羊

・與白羊座的男性結合，有助於成就她的事業或實現她夢想的計劃。

獅子與人馬

・與人馬座的男性結合，能將她的生活帶入高層次的領域中，並會使她經歷奇異的旅行生活。

獅子座男性的性格、情感與愛情生活

・獅子座的男性氣度非凡，爲人寬宏，感情強烈。他總是用自己的眞誠主動贏得異性的愛，對於自己愛慕的人，他會竭盡全力去關心、保護，表現出堅如磐石般的忠誠。

・他喜歡把自己的妻子打扮得高貴、端莊，他的婚姻是成功的，愛情生活將長久地充滿歡樂與幸福。但他不能容忍妻子有半點不檢點的行爲，更不能容忍使他威信掃地以及對愛情的背叛行徑。

・這是一個氣度不凡的人，他的熱情與威望使他在事業與理想上能獲得成功。沒有忠誠、沒有光輝與宏偉的計劃，他就無法生存。

・他心胸開闊、遠見卓著、有排除困難與駕馭形勢的才能。所以人們很容易對他產生敬重與欽佩之情，高傲是他性格上的突出特點。

・他爲人寬厚、感情強烈。在愛情方面，願意用自己無限的眞誠，去贏得異性發自肺腑與毫無保留的愛。

・家庭是他歡樂的王國，他非常喜愛自己的孩子，很歡迎朋友之間的相互往來。

・凡事認眞仔細，總願把每件事做得完美無缺，並希望通過他的努力，使他周圍的人都能歡樂與幸福。

獅子與寶瓶

・與寶瓶座的人結爲伉儷，他們會有事業上的共同願望，能互勉互勵，並且都追求高雅舒適的愛情生活。

獅子與白羊、人馬

・與白羊座與人馬座的女性能情投意合，因爲他們有相同的熱情及共同的生活情趣，會組織一個和諧的家庭。

獅子座兒童的教育與發展

・獅子座的兒童主要性格表現是高傲，很早就會感覺到自己在各方面，都有舉足經重的影響力。

・在學校裡不太聽話，愛耍個性，像個霸王一樣，凡事要聽從他的指揮。千萬不要刺傷他的自尊心，否則他會愈加固執難管，不求進取，應恰到好處維護他的面子，與及時讚揚他的優點。

・一旦他確定了目標，他會認眞刻苦的學下去，成績會名列前茅，從此打開通向美好未來的大門。事實上，許多有重要成就的人，都出生在獅子座。

・獅子兒童充滿正義感與是非感，同時愛憎分明，在他年少時，謹防他不要上當受騙，在是非沒有眞正弄清楚時並不要錯怪他。他主要的弱點，是太喜歡聽恭維的話。

・他的理想出路是：政治、外交、銀行、珠寶業、大型企業、遊樂場、藝術、戲劇團體等的高級職位。

獅子座代表人物

男性

童安格、庹宗康、沈光遠、伍思凱、吳念眞、吳佾融、庾澄慶、巴戈、楊慶煌、陳義信、湯志偉、林瑞陽、江明學、許志安、張國柱、張克帆、黃信介、鄧小平、鄧安寧、韓森、楊振華。

女性

馬玉芬、鳳飛飛、丁柔安、田希仁、李爲、李嘉、龍千玉、梁雁翎、陳慧嫺、曾淑勤、曾華倩、王靜瑩、吳冠英、于佳卉、王菲、王渝文、林淑容、林慧萍、林嘉欣、關淑怡、江淑娜、蕭艾、蕭薔、張小燕、馬玉芬、穆闓珠、趙家蓉、周思潔、張瓊瑤、閻宗玉。

國外

拿破崙（法國著名領袖）、大仲馬（中世紀名作家）、墨索里尼（義大利獨裁者）、希區考克（美國著名電影導演）、卡斯楚（古巴強人領袖）。

其他

1925	7/24	民國14、6、4	邱創煥	前考試院院長
1896	7/25	光緒22、6、15	張發奎	著名將領
1929	7/28	民國18、6、22	歐納西斯	希臘船王

1928	7/29	民國17、6、13	李嘉誠	香港企業鉅子
1867	7/30	同治6、6、29	盧慕貞	國父元配
1868	7/31	同治7、6、12	楊鶴齡	「四大寇」之一
1931	8/2	民國20、6、19	許水德	考試院院長
1892	8/24	光緒18、⑥、12	郎靜山	攝影大師
1929	8/5	民國18、7、1	蔡萬才	富邦保險董事長
1938	8/7	民國27、7、12	王建煊	新黨元老
1919	8/7	民國8、7、12	孔令偉	前圓山飯店主持人
1879	8/4	光緒5、6、17	林紹良	印尼首富
1923	8/9	民國12、6、27	黃尊秋	前監察院院長
1927	8/9	民國16、7、12	星　雲	佛光山
1891	8/13	光緒17、7、9	李宗仁	代總統

1871	8/14	同治10、6、28	清光緒帝	清帝
1923	8/15	民國12、7、04	彭明敏	獨派領袖
1909	8/17	宣統1、7、2	沈劍虹	前駐美大使
1926	8/17	民國15、7、10	江澤民	中共領導人
1928	8/20	民國17、7、6	黃信介	前民進黨黨主席
1900	8/21	光緒26、7、27	陳立夫	總統府資政
1904	8/22	光緒30、7、12	鄧小平	故中共領導人
1939	8/23	民國28、7、9	沈富雄	民進黨立委
1951	8/23	民國40、7、21	洪奇昌	民進黨立委
1883	8/23	光緒9、7、21	陳　儀	前台灣省主席

室女座

・星座名稱：室女座、第六宮，西名Virgo（Vir, Vi）。

・掌管時間：8月23、24日~9月22、23日。

・中國古名：鶉尾第八宮、荊州、楚國、蛇宮、巳宮0度~29度。

・星座別名：日名乙女座、俗名室女座、古名雙女座、誤名雙女座。

・符號意義：室女（The Virgin）。室女、希臘文「室女」的拼法。

・星座象徵：陰性、地象的變動星座，代表柔順而蠻荒。

・黃道宮度：150度~179度。

・後天宮名：奴僕宮。

・守護行星：水星、穀神星、灶神星。

・相對星座：雙魚座。
・星座句訣：我分析（I Analyze）。
・星座字訣：識別辨明、服務、分析、綱領、勤勉、純潔。
・入廟行星：水星。
・旺勢行星：水星。
・落陷行星：海王星。
・弱勢行星：金星。
・身體部位：腹部、大小腸、結腸、十二指腸、肝臟、胰臟、膽、膽囊、肚臍、下腹網狀組織、下神經叢、太陽神經叢、下腹內臟。
・星座疾病：消化不良、便祕、腸胃問題、結腸不整等。
・星座特點：最佳的特質是「分析事物的能力」。室女座由水星所主宰，它使你尋求並傳播知識。你很勤勉，能把事物處理得井井有條，你愛小題大

作，對於工作、同事所花的勞力與私人事務都斤斤計較，你對任何事情都很實際。

・正面特徵：勤勞的、好學的、科學氣質的、講求方法的、講求完美的、善於分辨的、求眞的、精確的、仁慈的。

・負面特徵：愛批評的、瑣碎的、憂鬱的、自我中心的、擔心疾病的、困擾的、挑剔的、學究的、懷疑主義的、邋遢的、吹毛求疵的、嚴苛批評的。

室女座的基本認識

・室女座是黃道十二宮的第六宮，是主宰8月24日至9月23日的命宮。

・室女座的形象是一個手持麥穗的少女，她被看作是豐收女神（其中包括巴比倫與亞述神話中的伊斯塔）或在收割中的少女（希臘的珀耳塞福涅與其他女神）。

夏天出生室女座人的特點

·在喜歡高估自己的獅子座之後，是總愛低估自己的室女座。他是不惹人注目的效率冠軍，是謙虛的模範。

·由於腸胃的消化功能不好，身體較弱，因此須注意飲食規律，晚上有時會失眠，其原因是憂患意識太強。

·他怕自己的工作做不好、怕給別人帶來麻煩、怕妨礙別人、也怕別人妨礙自己。怕自己經濟拮据，怕別人侵犯自己的權益，還怕意外災禍突然降臨到自己頭上來。

·這種自我保護本能帶來憂慮的心理，促使室女座的人擁有許多優點，例如：警覺性高、勤勞樸實、嚴肅認眞、工作上追求盡善盡美、生活上井然有序，謙遜謹愼，頭腦清醒，對事物有較強的分析能力，忠貞可靠。

・另外，這種意識形態也會使室女座的人，產生一定的弱點，如喜歡鑽牛角尖、煩躁、吹毛求疵，無意中引起緊張的氣氛，過多的思考與理智會限制他的視野，加劇對自我與生活上的控制，當新事物的出現時會打亂原有的一切秩序，並會將自己孤立起來。

室女座命宮或太陽在室女座人的個性

・這種人總是試圖將自己的激情和衝動置於理智的控制之下，他們可愛、懦弱，常由於沒有達到盡善盡美的目的而感到內疚、不安。

・有時因爲太謹慎，自然會白白丟掉一些有利的機會，一般來說，這個星座的人勤奮、工作責任感很強，他們辦事有條不紊、一絲不苟。

・他們喜歡過一種安定平順的生活，不習慣突如其來的事情擾亂生活。室女們很容易滿足，對於一切未知的東西，不會用積極的行動去追求，只是腳踏實地的去作事。在他認爲，讓別人感到缺他不可比雄心壯志更重要。

・室女座的人喜歡批評別人，這無疑對周圍的人事有影響，但無關其大局，他們從不靠僥倖取勝。

・在經濟社會裡，他們小心翼翼地慢慢累積財富，在有把握之下做生意，奉公守法，循規蹈矩，年輕時就開始爲晚年而積蓄。

・他總是試圖將自己的激情與衝動，置於理智的控制之下。他深思熟慮、反覆斟酌，有時甚至錯過有利的時機，他特別害怕自己上當受騙。

・具有勤勞的特色與強烈的責任感，他特別適合從事精密、細緻、一成不變的工作。此工作不需要他創新，不需要別人監督，他會默默的，努力發揮自己能力的極限。

・根據統計，有相當多顯要人物的得力助手、秘書與模範員工，都是出生在室女座。

·對每一件事都有周密的計劃與安排，喜歡事情來龍去脈與一目瞭然，事後做記錄以備查詢，每項收支都記入帳目。

·他的生活是一絲不苟，井然有序，不喜歡突如其來的事情，擾亂他的生活。除太陽外，有一個或幾個行星出現在室女座時，這種性格更爲明顯。

·如果他出生時，沒有受到太陽、木星或火星的影響，那麼此座的人容易滿足於現狀，因爲未知的一切都會使他感到擔心。

·受木星、天王星或火星影響較大的室女座的人，有可能成爲精明幹練的實業家，或者在工業、法律、商業中出人頭地。

室女座女性的性格、情感與愛情生活

·室女座的女性有一種內在的魅力和不受新潮干擾的特有浪漫氣質，她心甘情願地承擔起家庭生活的責任。但需要別人把她的辛勤努力看在眼裡，覺得她是不可缺少的。

・她是一位相當出色的家庭主婦，懂得如何體貼、照顧家人，使他們心情愉快、身體健康，但也希望別人記住她的勤勞。

・她的謙遜態度有時發展到唯恐被人注意的程度，因此她與生活總保持一定的距離。

・她願意犧牲自身的權益，而爲別人貢獻出自己的精力。她非常注重自己的安全，不喜歡意外的事情，十分注重細節，有時會到了成癖的地步。

・她善於爲別人提供醫療方面的偏方，她自己的身體常感到不適，需要用相當的時間，調理自己脆弱的身體。

・她總覺得在幕後，要比在幕前當主角，要自由自在多了。

室女與雙魚

・室女座的女性與雙魚座的男性都很溫和、怯懦，他們會相處得很好，過著相敬如賓的和諧生活。

室女與金牛

・她與金牛座的男性結合，會建立一個美滿舒適的家庭，並會有一個爲他們爭光的孩子。

室女與摩羯

・她與摩羯座的男性結爲伉儷，他們會同心協力爲遠大的生活目標而努力，持久不變的感情會使他們永遠幸福。

室女座男性的性格、情感與愛情生活

・室女座的男性具有典型的獨身者的性格，在激情所致的內心騷動面前，常常顯得惶恐不安。婚後，他會把家庭生活安排得十分有條理，各項家庭計劃都預先周密考慮，從來不臨時抱佛腳。

・這是一個典型的獨身者性格，不喜歡意外的事情，他用持續不斷的自我克制或批評精神來自衛。

・把傳統或社會道德看得十分重要和必須遵守的習俗，也當成他行動的座右銘，一成不變的生活是他理想的天堂。

・這是個既認眞又有極強責任心的人，一絲不苟做好自己的工作是他的準則，所以可以充分信賴他，依靠他。

・一般來說，這種人不喜歡去具有獨立性、開創性的事業中闖蕩，而願意在專家、教授或帶領人身邊做助理工作。因此他所得到的利益與他所付出的代價不成比例。

・盡心盡力完成本職工作是他的信條，也是他引以自豪的最大心願。

室女與雙魚

・他和雙魚座的女性十分融洽，雙魚女性和他一樣，愼重和不喜歡出風頭，也不喜歡在生活中冒各種風險。

室女與金牛

·他和金牛座的女性可成爲理想伴侶，他們在一起會分享安定、和諧的小康生活。

室女與摩羯

·他也可以向摩羯座的女性伸出友誼之手，通過共同的努力，他們會有一個物質基礎相當殷實的家庭。

室女座兒童的教育與發展

·室女座的兒童一般膽子都小與害羞，身體相當虛弱，容易患感染性疾病，因此直接影響其學習進度。

·他是個不太合群的孩子，喜歡默默觀察與思考，很早就具有批評精神，並把它作爲防衛的武器，也因爲這樣，而常使別人惱怒。

·他有時會不顧現實考量，而執意陷於純粹的邏輯思維之中。

·室女座的兒童是個好學生，求知慾望強烈，喜歡不停接收新的知識，他喜於挖掘人的心理與探討事物的本質去面對問題，但這有可能使他只注重細節，而忽略全貌，從而會影響未來職業的發展性。

·他孜孜不倦的學習，甚至會達到忘我的境界。最好鼓勵他到戶外去參加體能活動與團體遊戲，這樣可以多呼吸新鮮空氣，又可以與同學打成一片，從而避免陷入孤獨與抑制心理的滋長。

·他的理想出路是公職人員、醫藥、會計、秘書、衛生事業與商業，以及一切需要耐心、細心的工作。

室女座代表人物

男性

卜學亮、李驥、劉德凱、林立洋、高培華、黃立行、邱宗志、張國榮、趙寧、陳山河、楊宗憲、葉良俊、王建傑、巫奇、雲中岳、張智霖、連戰、陳鴻、鍾光豐、王道、譚詠麟、鄭知明、李恕權、徐乃麟。

女性

李文媛、林葉亭、黃鶯鶯、黃乙玲、江蕙、金素梅、邱心儀、徐文倩、趙婷、張清芳、褚士瑩、陳妤、陳美瑜、楊貴媚、王珍妮、張曼玉、郭嘉欣、周遊、劉玫、葉明、許玉珠、袁詠儀、楊惠珊、謝錦瑜、袁瓊瓊、葉全眞、應曉薇、沈智慧、江淑娜、周子寒、歐陽菲菲。

國外

歌德（德國文學家）、凱薩大帝（古帝王）、高爾（美副總統）、詹森（美前總統）、史恩康納萊（007偶像）、英格麗褒曼（瑞典女星）、路易十六（法國著名國王）、伊麗莎白一世（英國著名國王）、雅里（法國劇作家）。

其他

1941	8/24	民國30、7、2	徐旭東	遠東商銀董事長
1941	8/24	民國30、7、2	林義雄	民進黨主席
1893	8/25	光緒19、7、14	杜聰明	台灣西醫奠基者
1936	8/27	民國25、7、11	連　戰	副總統
1949	8/27	民國38、⑦、4	孫道存	太平洋電線電纜
1909	9/2	宣統1、7、18	錢學森	中共科協主席
1905	9/3	光緒31、8、5	雷震遠	熱愛中國的神父
1952	9/4	民國41、7、16	楊惠珊	琉璃工房負責人
1922	9/5	民國11、7、14	宋心濂	國安局局長
1933	9/08	民國22、7、19	辜濂松	中信商銀董事長

1960	9/10	民國49、7、20	羅璧玲	歌星
1908	9/12	光緒34、8、17	彭孟緝	前警備總司令
1942	9/16	民國31、8、7	沈長聲	鴻源機構總裁
1923	9/16	民國12、8、6	李光耀	新加坡總理
1899	9/18	光緒25、8、14	鄭介民	前軍統局局長
1919	9/24	民國8、8、1	周 璇	名歌星

天秤座

・星座名稱：天秤座、第七宮，西名Libra（Lib, Li）。
・掌管時間：9月23、24日~10月22、23日。
・中國古名：壽星、第九宮、兗州、鄭國、龍宮、辰宮0度~29度。
・星座別名：日名天平座、俗名秤座、誤名秤子座。
・符號意義：天秤（The Scales）。秤量善惡正義的天秤。
・星座象徵：陽性、風象的基本星座，並且是男性與半成熟的星座。
・黃道宮度：180度~209度。
・後天宮名：月升宮、日沉宮、降點、下降宮、夫妻宮。
・守護行星：金星、婚神星智神星、超冥星。

・相對星座：白羊座。

・星座句訣：我衡量、我考慮（I Balance）。

・星座字訣：衡量、權衡、合夥、殷勤、和善、高雅、公正。

・入廟行星：金星。

・旺勢行星：土星。

・落陷行星：火星。

・弱勢行星：太陽。

・身體部位：腎臟、腎上腺、副腎、下腰背、腰椎、內性器、卵巢、輸卵管、內耳。

・星座疾病：腎病、下腰背痛、性病、卵巢及輸卵管疾病、耳疾或聽力障礙等。

・星座特點：最佳的特質是「魅力」。天秤由金星所主宰，它會令你羅曼蒂克且總是尋求愛情。你享受著忙碌的社交活動，藝術、時尚、美女、音樂與芭蕾舞、歌劇或戲院，都是符合你的審美觀。

・正面特徵：合作的、有說服力的、交際廣闊的、愛好和平的、高雅的、公正的、愛好藝術的、善於外交的、好社交的、圓滑的。

・負面特徵：冷漠的、怯懦的、輕浮的、依賴的、工於心計的、不擇手段的、猶豫不決的、優柔寡斷的、易賭氣的、易放棄的、悠閒散漫的。

天秤座的基本認識

・天秤座是黃道十二宮的第七宮，是主宰9月24日至10月23日的命宮。

・天秤座像一女子手持一秤（有些時代指代表羅馬正義女神的阿斯特拉維），或只象徵單獨的一把秤。

秋天出生天秤座人的特點

・這是象徵秋天來臨的星座，秋意表現在天秤座人的身上，是對意氣相投的特殊嗅覺。他尋求著有共同點與互相諒解的朋友。和藹可親的秉性，讓敵意與仇恨永遠無法靠近他的身旁，是一個能爲生活中的矛盾關係和解的人。

・秋天出生天秤座的人，舉止言行十分注意分寸，與他相處既不可躁進，又不可簡單粗鄙，因爲他的感情很難預測，高興起來可以忘記一切。

・他對周圍發生的事情都興致勃勃，不僅知道事情的來龍去脈，而且還知道什麼時機對成功最有利，他也善於發現那些人和他志趣相投。

・他的優點是：富有魅力、溫文爾雅、性格平穩、目光敏銳、具有合作精神。

・他的缺點是：優柔寡斷、缺乏坦率、難以理解、過分追求高雅的生活、因循守舊、注重瑣事、騎牆派、不專心與缺乏堅定性。

天秤座命宮或太陽在天秤座人的個性

・出生在天秤座的人，不管是男性還是女性，都有著一個很明顯的特點，那就是襟懷坦蕩，品格高尚。

・這個星座的人讓別人一見就有一種說不出的親切感，而事實上他本身就是一個和藹可親的人，他對人對事都熱情洋溢。

・在生活中，他總是扮演快樂的角色，他把友誼和愛情看得比自己的生命還重要。他所表現出的毫不做作與隨和，正是他人格的魅力所在。

・這個星座的人受不得半點驚嚇，他需要在溫暖平靜的環境中生活，他在付出熱情的同時也希望人們回報熱情，他需要人們對他的肯定和讚揚。

・他對生活總是充滿幻想，希望周圍的人事盡善盡美，所以他無力面對生活中的各種困難，甚至盡可能逃避他所遇到的矛盾和煩惱，因爲這些事情使他驚恐不安，於是他極力尋找一塊寧靜的淨土讓自己內心穩定與平衡。

・天秤座的人安排物質生活的能力很差，因爲他期望一切東西都不花力氣，輕而易舉可以得到，他的腦子很少去考慮玩樂的事，他有時候單純得像一個剛出生的嬰兒。所以人們不應該讓他長期處在孤獨中，因爲他比任何人都更加需要友情和親情，若離開他所熱愛的人，他簡直不知該怎樣去生活。

・微不足道的事情就會讓天秤座的人感到驚慌不安。他總是在尋找著內心的穩定與均衡，沒有這種均衡他就不能平靜的生活。

・他溫柔、嫺雅，他需要歡歡樂樂的過日子，需要忠貞不渝的友誼與愛情；和藹可親、迷人高雅，無論是男性還是女性，都閃耀著魅力的光輝。

・隨和與順從是他性格上的主要特點，不管是男性或女性，都可以看到這些難能可貴的女性品質，以及他們所蘊藏的藝術上的靈感與才華。

・他喜歡到禮品商店中去消磨自己的時間，選購好玩的與供觀賞用的小禮物，贈送給自己的知心朋友。

・他不願意在缺乏溫暖與熱情的環境中生活。一旦他病倒，他會感到不幸並沉溺在失望之中。

・他需要能使自己的綽約風姿與典雅得到表現與被鑑賞的機會，渴望充滿藝術與美好幻想的生活，而迴避生活中的各種矛盾、困難與煩惱。

・醜陋的行爲會把他嚇跑，粗魯會使他的心靈受創。只有當他出生時，火星或天王星對他的影響力比較大的情況下，才能使這一傾向得到改變。

・他不善於安排物質生活，期望一切都輕而易舉的獲得。他從不把錢擺在心上，只有在想花用的時候，錢的概念才進入他的腦袋裡。

・他像一幅美好的裝飾藝術作品，吸引著善良而真心誠意的人們。他懷著一顆美好的心靈，任憑生活的撫愛與洗禮。他會把生活變得充滿歡樂，並把精力創造在舒適安逸的生活，並帶給他所熱愛的人。

・天秤座的人在藝術、戲劇或一切需要審美能力的職業上將有很大的發展。藝術品、時裝、化粧品等，是他可以選擇的理想職業，他需要在行政方面，有人能助他一臂之力，因爲他對物質問題是個門外漢。

・此座的人往往都是在愛情與婚姻中發生作用的。他的愛情生活是美滿幸福的，特有的魅力會給他帶來所期望的一切利益。

・如果土星、金星或月亮相位不佳時，會變得孤獨，他將陷入完全不知所措的狀態；所以天秤座的人不能長時間的處於孤獨之中，他需要與大家保持著經常性的友誼。

天秤座女性的性格、情感與愛情生活

・天秤座的女性把愛情看成一樁至關重要的大事，她時常自我陶醉在自己惹人注目的魅力和性格的溫柔中，但她無疑是個理想的家庭主婦，她有能力給家庭帶來歡樂和平靜，而她的丈夫也必須對她體貼入微，不辜負她的情意才能牢牢地擁有她。

・天秤座的女性要嘛爲愛情而生存，要嘛爲藝術而獻身。這取決她的丈夫能否用永恆的溫情滋潤她那顆愛的心靈。

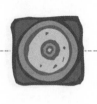

・她性格脆弱而溫柔，容易相處，有些自我陶醉，必須克服閒情逸致的慣性，到底她喜歡的是廣泛而不是專一。

・生活上她將完全依靠她的丈夫，希望他能承擔生活中的一切責任。當她獨自一人的時候，她會感到若有所失，通常這種情況不會持續很久，她就會找到體貼，關心自己的知己或好朋友。

・生活中她需要歡樂的情緒，她優雅的風姿會觸動人們的心弦，使別人對她產生深情和好感。

·這是一個理想的家庭主婦，她能緩衝和調解任何矛盾與糾紛，給家庭生活帶來歡樂和平靜，但必須不斷昇華對她的感情，對她關懷備至、體貼入微，不辜負她的情意，才能緊緊的擁有她，還要用永恒的溫情去滋潤她那顆愛的心靈。

天秤與白羊

·天秤的風采與魅力會喚起白羊座男性愛的激情，只要他們彼此傾心、相互吸引，他們的結合就會幸福。

天秤與雙子

·雙子座的男性會對她產生好感，他妙趣橫生，海闊天空與富有超級幻想的談吐，會把她帶入一個夢寐以求的境界。

天秤與寶瓶

・她對能充分理解她的寶瓶座男性，會產生眞摯的感情和愛的壯舉。

天秤座男性的性格、情感與愛情生活

・天秤座男性對女人富有魅力，喜歡猜測異性的心理，傾聽她們的心聲，理解她們的感情，這既是個難得的知己，又是一個理想的伴侶，他力圖把事情做到完美無缺。

・他對自己的妻子關懷備至、體貼入微，但同時他又是個朝三暮四的丈夫，但婚姻生活卻很固執地影響他的一生。

・他有時會盡力取悅於人，這並不是爲了要贏得別人的歡心，而是爲表現自己的眞心誠意。他希望事事完美，否則就會感到內疚不安。

・他喜愛朋友，善於交際、頭腦冷靜、舉止大方與談吐高雅的氣質，使他頗具外交官的風範。

・他的審美觀念很強，醜惡與粗暴都會引起他的反感。希望自己周圍的人都親密無間，和睦相處。一心想使別人滿意會表現出他自身的弱點。

・他不願與人相爭，而願意把時間用在編織自己永不凋謝的愛情上。他的命運將隨著婚姻的出現而落實下來，此座的人不能過孤獨的生活。因此，婚姻對他有極大的影響力，甚至會成爲他人生的轉捩點。

・他需要愛情的烈火，需要傾訴衷情與贏得別人的好感。他的全部幸福將取決於他所建立的各種管道。

天秤與白羊

・白羊座的女性能征服他的心，並使他沉浸在愛情的幸福中。一般情況下，總是白羊座的女性較爲主動，如果雙方都有這個意圖，那麼這一椿姻緣是理想可行的。

天秤與雙子

・雙子座女性的社交能力與活潑的性格，會讓他傾倒。

天秤與室女、巨蟹

・室女座與巨蟹座女性真誠與安靜的性格，會給他的生活帶來永恒的光與熱。

天秤與寶瓶

・寶瓶座的女性會在藝術、美學方面與他志同道合，也會理解他的敏感性格。

天秤座兒童的教育與發展

・天秤座的兒童一般都很漂亮帥氣，討人歡心，容易引起別人的讚美並贏得好感。要特別注意防止他滋長出坐享其成，一切依賴別人的傾向。

・因爲天賦與魅力往往會使他感到置身在一個得天獨厚的環境中，只有用溫情，人們才可能從這個兒童的身上得到所希望的東西，因爲粗暴會使他不知所措。

·他不願意一個人獨處，而需要經常與同學與玩伴交往，朝夕相處的朋友將對他的童年生活，甚至命運與未來有至關重大的影響。

·永遠不要驅使這個兒童去超越自己能力的極限，但在學習方面要經常不斷督促與鼓勵他，因爲他生性較懶散，容易貪玩而放任自己。

·跳舞、繪畫或到鮮花盛開的花園中散步，這對他要比體能上的鍛練，更有利於身心上的平衡。

·天秤座的兒童在藝術、美學與科技、法律、與醫學等方面，容易取得成就。他的理想職業是，藝術、戲劇、時裝、自由業、化妝品業與社交生活。

天秤座代表人物

男性

庹宗華、劉德華、林志穎、李亞明、郭子、苦苓、何篤霖、金城武、張震、張中立、張佩華、陳俊生、蔡榮祖、吳大維、朱高正、許勝雄、于秉中、張晨光、李朝永、陳克華、王傑、吳奇隆、霍正奇、林語堂、須偉群。

女性

楊林、傅薇、湯蘭花、陸小芬、李麗芬、黎明柔、黃韻玲、金玉嵐、賈靜雯、徐世珍、曾慶瑜、楊麗花、王韻嬋、于台煙、李豔秋、曾哲貞、黃乙玲、葉倩文、楊仲萍、梅豔芳、李芳雯、金智娟、林明樺。

國外

艾森豪（美第34任總統）、聖雄甘地（印度聖雄）、莎拉王妃（英王子妃）、布魯斯・史普林斯丁（美國影星政治家）、艾米卡特（前美國第一夫人）、茱莉安德魯絲（美名歌星藝人）、約翰藍儂（前披頭四領隊）、蘭波（法國詩人)、艾蓮娜羅斯福(第一夫人)、王爾德(愛爾蘭作家)、馬斯楚安妮(義大利演員)、凱薩琳丹尼芙(法國演員)、亞蘭傅尼耶(法國作家)。

其他

1881	9/25	光緒7、8、3	魯　迅	著名文學家
1954	9/27	民國43、9、1	丁守中	立委
1961	9/27	民國50、8、18	劉德華	港星
1884	9/28	光緒10、8、10	蘇曼殊	革命和尚
1943	9/29	民國32、9、1	陳定南	前宜蘭縣縣長
1869	10/2	同治8、8、27	甘　地	印度聖雄
1954	10/6	民國43、9、10	朱高正	立法委員
1927	10/6	民國16、9、11	張榮發	長榮集團總裁
1924	10/7	民國13、9、9	莊亨岱	警政署署長

1895	10/10	光緒21、8、22	林語堂	國學大師
1951	10/10	民國40、9、10	陳麗麗	知名藝人
1882	10/13	光緒8、9、2	蔣百里	著名將領
1890	10/14	光緒16、9、1	艾森豪	美第34任總統
1965	10/15	民國54、9、21	郭富城	四大天王歌舞明星
1913	10/16	民國2、9、17	錢三強	中國原子能之父
1919	10/17	民國8、8、24	趙紫陽	前中共中委會總書記
1904	10/20	光緒30、9、12	葉公超	外交家
1970	10/21	民國59、9、22	吳奇隆	歌星

天蝎座

・星座名稱：天蝎座、第八宮，西名Scorpio（Sco, Sc）。

・掌管時間：10月23、24日~11月21、22日。

・中國古名：大火、第十宮、豫州、宋國、兔宮、卯宮0度~29度。

・星座別名：日名蠍座、俗名蠍子座、誤名魔蠍座、天蠍座。

・符號意義：蠍子（Scorpion）。蠍尾、鷹（Eagle）。

・星座象徵：陰性、水象的固定星座，並且是女性與多產的。

・黃道宮度：210度~239度。

・後天宮名：疾厄宮。

・守護行星：火星、冥王星。

・相對星座：金牛座。
・星座句訣：我欲、我需要（I Desire）。
・星座字訣：產生、創建、滲透、離異、機智、謀略、堅決、敏銳。
・入廟行星：火星、冥王星。
・旺勢行星：天王星。
・落陷行星：——。
・弱勢行星：月亮。
・身體部位：生殖器官、膀胱、直腸、攝護腺、腎盂、外性器、子宮、鼻部、再生及免疫系統等。
・星座疾病：痔疾、膀胱、前列腺（攝護腺）方面疾病等。
・星座特點：最好的特質是富於「機智」。天蠍座由火星與冥王星所主宰，它們使你苛求、固執與性慾過剩。在你個人的活動與商業事務上表現出隱藏和深沉的態度。你的慾望永無止境，總是有一些多過你想要的東西，當你在戀愛時，會極端的善妒。

・正面特徵：充滿動機的、有洞察力的、執行的、足智多謀的、有決心的、熱情的、科學氣質的、擅於探索的、意識清晰的。

・負面特徵：善妒的、苦惱的、困擾的、討厭的、激烈的、暴力的、有報復心的、神經質的、偷偷摸摸的、自大的、暴烈的、挖苦別人的、多疑的、疑心病的、不寬容的、佔有慾過強的、內在潛藏危機意識的。

天蠍座的基本認識

・天蠍座是黃道十二宮中的第八宮。是主宰10月24日至11月22日的命宮。

・天蠍座的形象是一隻蠍子，這與蠍子攻擊獵人歐利安致死的希臘傳說有關，據說這是當天蠍座東升獵戶座就西落的原因。

秋天出生天蝎座人的性格特點

．在天秤座與人馬座之間是天蝎座，此座的人對互不相同的與互不相融的事物有特殊興趣。是一個喜歡探究事物的眞相，並加以區別的人。

．在蕭瑟的秋風中，降生到此星座的人是粗獷而倔強的。他緊張的生活節奏，會使接近他的人感到迷惘。

．他的愛情心理常充滿著矛盾。感情上的背叛對他是絕對不能忍受的，而且會使他對愛情產生與原來相對立的看法。

．他有一雙極其敏銳的眼睛，能洞察人的弱點與機遇的利弊。另外，他的神秘性、選擇性、好鬥性、狂熱加上不妥協的精神，也常常給人們留下深刻印象。無法擺脫的煩惱常糾纏著他，使他感到精疲力竭。

天蝎座命宮或太陽在天蝎座人的個性

・強烈是天蝎座人的突出性格表現，無論是情感方面還是生活中的錯綜複雜的問題，不但不使他們厭煩，反而會給他的生活增加樂趣。

・巨大的耐力使他敢於迎接並征服一切艱難險阻，他從不接受任何失敗，如果遇到挫折，他會馬上產生強烈的心理變態反應，而後他會以頭開始，憑著頑強的意志和堅忍不拔的精神，重新奔向成功。

・這是個令人害怕的對手，也是一個危險的競爭者，他將永遠不會忘記自己失敗的教訓和自己所受到的傷害。

・天蝎總是很忙，他不斷地改善自己的工作和生活環境，喜歡更新自己的想法，他討厭無所事事和庸庸碌碌的生活。

・這是個權力慾望很重的人，他任何時候都離不開權力和錢財，但他念念不忘那些曾經幫助過他的人，肯爲他們慷慨解囊。

・他善於等待時機，也很會利用自己的魅力和感召力去達到自己渴望的目的。他常表現出利益至上的本性，頗懂得生意經，他很想從十分棘手的生意中獲利。

・這是一個不太好相處的人，一切都向最好的看齊，他的物質慾望必須得到充分滿足，他討厭人家干涉自己的想法，但他也從不用金錢和權力來束縛自己的手腳，他喜歡在愼重、深思熟慮之後的冒險行動，他可以在人家失敗的地方建立業績。

・同時，天蝎座的人卻可能走向另外一個極端，他們對這個世界上的財富、幸福毫無興趣，他們寧願去開創自己的信念之路，他們的內心深處經歷著神秘主義的騷動。

・他喜歡戲劇性的場面，會不時的在他前進的道路上導演一幕。最好不要成爲他前進道路上的障礙，這是一個危險的競爭者與一個可怕的對手，他將永遠不會忘記失敗的教訓，與自己所受到的傷害。

・與黃道任何其他星座人不同的是，天蠍座人善於等待有利於自己的時機。一旦機會到來，他選定自己要走的路，那麼任何力量都無法阻擋他的前進。

・他會經得起任何艱難困苦的考驗。別人失敗或棄陣脫逃的地方，正是他建立自己成功事業的王國。

・他喜歡愼重而深思熟慮的冒險行動，也很會利用自己的魅力與感召力去達到自己的渴望目的。

・許多有聲望的銀行家，他們的生辰星盤中，都有天蠍座強大的影響力。

・相傳天蠍與象徵死亡、遺產與贈與的黃道第八宮結爲金玉良緣，因此到現在爲止，天蠍座的人仍在享受著配偶在物質生活方面，帶給他的利益。

天蝎座女性的性格、情感與愛情生活

・天蝎座的女性有迷人的魅力，她將是個出色的伴侶，優秀的母親，她願意把精力完完全全獻給丈夫和孩子。

・愛情的排他性，在天蝎座強勢的人而言，表現得非常明顯，她把丈夫看作是她的私有品，要是在這方面她受到了傷害，那她會無情地產生報復心。她對自己要求很嚴，如果愛情上受到挫折，她總是先檢討自己。

・只有在激情、失望與淚水中才能感到自己的存在與歡樂、她能經得起生活中不幸的洗禮與考驗。

・喜歡戲劇性的變化。她會感受到或使人感到性愛的巨大吸引力。魅力會幫助她在人生的道路上暢通無阻的前進。

・一旦她找到自己中意的男性，她會成爲一個出色的伴侶。勇敢、任勞任怨，在艱苦的考驗中，她會表現出一個主婦最無私的品質。

・感情的佔有慾與嫉妒心很強，她所需要的不是丈夫欣賞自己的美的眼光，而是他忠貞不渝與毫無保留的愛。

・如果她在愛情方面受到愚弄或遇到了勁敵，她會產生強烈的報復心，當關係到她切身利益的時候，她最有利的武器就是不講情面。

・她常常把自己當作發洩憤怒的工具，尤其是在愛情問題上，但是她的能力與深具特點的性格，會給周圍的人留下深刻的印象。

天蠍與金牛

・金牛座的男性是她的理想選擇。共同的生活，會使他們領略愛的眞諦與奧妙。

天蠍與巨蟹

・如果巨蟹座的男性走進她的生活，天蠍座女性可以隨心所欲的行使家庭主婦的權力。

天蝎與雙魚

・她也可以找一個雙魚座的男性組合家庭，因爲他倆情投意合。

天蝎座男性的性格、情感與愛情生活

・出生在天蝎座的男性有能力承受一切考驗，在家裡，他總是扮演著「大丈夫」的角色，他很善於掌握妻子的心理，他是用自己成功的形象贏得了愛情的主動權。

・絕對意識與強烈的慾望在他的心中翻騰，並經常把他帶到一個激情茫然的憂鬱世界。恰好在這裡，他會感到人生的眞正價值與樂趣。

・他能頑強的承受任何艱苦的考驗，願望的洪流會幫他掃除前進道路上的一切障礙。

・他善於猜測別人的弱點，善於抓住女人的心理與撥動她們的情思。在愛情方面，他永遠處於主宰地位，只要目的是好的，他就可無所顧忌。

・由於他堅忍不拔的精神，他會在別人失敗的地方取得成功。只有當他超脫了自己本性的時候，他才能從內心的自我折磨的桎梏中解脫出來，煥發出巨大的精神力量，變成令人難以想像的創造力。

天蝎與金牛

・他最理想的配偶，是受金星影響的金牛女性，會和他情投意合。他們無論是精神生活或其他方面，都能讓雙方滿意，兩人創造的家庭美滿和諧，過著恩恩愛愛的日子，自始自終，他們都是令人羨慕的一對。

天蝎與巨蟹

・若是想過溫馨、愜意和詩意的生活，可以配合巨蟹座女性，她的溫柔順從，能使他們的感情十分融洽。

天蠍與獅子

・如果自己覺得憂鬱，胸中總是有一種難以解脫的壓力，最好去找尋獅子座女性，她講求實際的作風和勇敢的精神，對他有很大的幫助；並能將他從壓抑、抑鬱和錯綜複雜的觀念中解脫出來。

天蠍與雙魚

・和雙魚座的女性結合，會使他感受到生活的歡樂。

天蠍座兒童的教育與發展

・激動與感情，是天蠍座的兒童性格上的主要特點。

・天蠍座的兒童，心理十分複雜與難於理解。沉默寡言、不動聲色，但內心的世界，卻慢慢堆積起願望與不滿，並形成潛在的動盪不安因素。

・永遠不要低估此座的兒童，他可能變得最好，也可能變得最壞，如果他感覺到自己受了中傷或輕視，他就會產生刻骨銘心的不滿情緒，致使他故步自封或不求上進，這種情緒會一直持續到他成年。

·另外，天蝎座的兒童身心蘊藏著一種特殊的力量，在需要他做出艱苦努力或發揮才智的時候，這種力量就會本能的迸發出來。

·一切具有神秘色彩的事情都能引起他的興趣。醫學、化學、歷史或者研究工作方面，他會表現出天賦。他具有揭示奧秘或弄清迷惑問題的特殊本領。

·這是個以自我爲中心的人，對人有很大的吸引力，這一點在他青少年時代，就充分顯露出來。

·他常常給周圍的人留下深刻的印象，同時，不要強迫他去做他不願做的事，他會選擇自己要走的路，一旦選定，他會拿出百倍於別人的毅力與勇氣去學習與接受。

・他的理想職業是醫學、冶金、警察、偵探、研究工作、軍事、工程師或雕塑家或危險性大的職業。

天蝎座代表人物

男性

邰正宵、羅百吉、梁修治、黃平洋、姜育恆、江國彬、周治平、周紹棟、鄭智化、蔡小虎、楊峻榮、王偉忠、王柏森、溫兆倫、歐陽龍、孫建平、趙舜、楊德昌、賴聲川、趙樹海、劉文正、黃國倫、李安、許不龍、呂明賜、蔣中正、吳大猷、傅崑成、段宏俊、戴勝通、林柏榕、黃立成、孫文、劉邦友、姚可傑、郭名虎、陳昇、李冠毅。

女性

潘越雲、陶晶瑩、藍心湄、林青霞、李碧華、許景淳、朱寶意、陳艾玲、陳亞蘭、蘇慧倫、憂憂、楊淑華、吳淡如、郁方、張小雯、陳莎莉、周慧敏、崔苔菁、高儷文、蔡咪咪、徐熙媛、邱金玉、吳麗玲、鄧程惠、鍾楚紅。

國外

畢卡索（藝術大師）、明治天皇（日本天皇）、葛莉絲凱麗（故摩納哥王妃）、甘地夫人（印度前總理）、海倫・瑞迪（美名歌手）、羅伯・甘迺迪（美前司法部長）、希拉蕊（第一夫人）、查爾斯王子（英國王儲）、莎莉菲爾德（美名藝人）、隆美爾（德納粹將領）、帕格里尼（義大利作曲家）、居禮夫人（著名女科學家）、密特朗（法國總統）、戴高樂（法國前總統）、亞蘭德倫（法國演員）、畢蘭卡斯特（美國演員）、巴頓（美前將領）。

其他

1944	10/25	民國33、9、9	陳長文	前海基會會長
1881	10/25	光緒7、9、3	畢卡索	藝術大師
1965	10/26	民國54、10、3	郭富城	影星
1892	10/27	光緒18、9、7	陳果夫	陳立夫弟
1964	10/30	民國53、9、25	呂明賜	棒球明星
1974	10/31	民國63、9、17	林志穎	四小天王青年歌手
1887	10/31	光緒13、9、15	蔣中正	故總統
1907	11/1	光緒33、9、26	吳大猷	前中研院院長
1920	11/1	民國9、9、21	柏　楊	史學家
1928	11/3	民國17、9、22	李　鵬	中共國家主席
1954	11/3	民國43、10、8	林青霞	影星

1852	11/3	咸豐2、9、22	明治天皇	日本天皇
1905	11/4	光緒31、10、8	陳大慶	前國防部部長
1936	11/7	民國25、9、24	林柏榕	前台中市市長
1917	11/8	民國6、9、24	李　煥	前行政院院長
1875	11/8	光緒1、10、11	秋　瑾	革命英雌
1924	11/10	民國13、10、14	蔡萬霖	國泰機構負責人
1866	11/12	同治5、10、6	孫　文	國父
1929	11/12	民國18、10、12	葛莉絲凱麗	故摩納哥王妃
1950	11/12	民國39、10、3	陳水扁	前台北市市長
1934	11/15	民國23、10、9	饒穎奇	立法院副院長
1883	11/18	光緒9、10、19	劉培中	國師（妙眞子）
1936	11/19	民國25、10、6	李遠哲	中研院院長

1917	11/19	民國6、10、5	甘地夫人	印度前總理
1942	11/20	民國31、10、13	劉邦友	前桃園縣縣長
1967	11/20	民國56、10、19	周慧敏	港影星
1957	11/22	民國46、10、01	張寶勝	特異功能者
1947	11/22	民國36、10、10	沈慶京	威京集團總裁

人馬座

・星座名稱：人馬座、第九宮，西名Sagitarius（Sgr, Sa）。

・掌管時間：11月22、23日～12月20、21日。

・中國古名：析木、第十一宮、幽州、燕國、虎宮、寅宮0度～29度。

・星座別名：日名射手座、誤名天箭座、天劍座、半人馬座。

・符號意義：射手（Centaur/Archer）。人馬、人馬的箭。

・星座象徵：陽性、火象的變動星座，並且是男性與不生育的宮。

・黃道宮度：240度～269度。

・後天宮名：遷移宮。

・星座象徵：火象、陽性的變動星座，而且是男性與不生育的宮。

・守護行星：木星、科隆星。
・相對星座：雙子座。
・星座句訣：我瞭解、我看、依我看（I See）。
・星座字訣：察覺、理解、熱望、追求、忠誠、忠實、慷慨、理想主義。
・入廟行星：木星。
・旺勢行星：——。
・落陷行星：水星。
・弱勢行星：——。
・身體部位：臀部、大腿、小腿上部、坐骨神經、血液動脈系統。
・星座特點：最好的特質是「忠誠」。人馬座由木星所主宰，它使你樂觀，成爲很好的運動員，而且熱愛玩樂。你的個性十分友善，快樂與幸運一同到來。你所做的每一件事，都是以極端的，滿不在乎的態度，朝著結果去做。在天性上，你是放任而無紀律的。

・星座疾病：坐骨神經或臀部問題等。

・正面特徵：坦率、愛好哲學、愛好自由、心胸寬廣、愛好運動、慷慨、樂觀、有正義感、對宗教感興趣、有學者風度、熱情的。

・負面特徵：好辯、侵略性、多話、自我縱容、因循、沒耐心、好賭、強求、性急、易激動、耽於逸樂、好嬉戲、狂熱、揮霍、愛誇耀、易爽約的。

人馬座的基本認識

・人馬座是黃道的第九宮，是主宰11月23日至12月21日的命宮。

・人馬座的形象是一個騎士與弓拉箭。早在西元前十一世紀，巴比倫就已把人馬座看成是在馬上的弓箭手。

秋天出生人馬座人的性格特點

・人馬座的人送走了金色的秋天，又將迎接冬天的寒意。

・此座的人性格開朗、思想活躍、注重文化修養，同時又是個放眼看世界的人。他人在現實中但思想常飛向遙遠的過去與美好的未來，敏捷的思想跳躍著，一會兒在東，一會兒在西，使人覺得他近在眼前，又彷彿遠在天邊。

・既覺得與他志同道合，又彷彿與他格格不入，這是一個思想需要設法平靜的人。他對世界上發生的一切事情，都有濃厚的興趣，喜歡外出旅行，好友善交。

・特別關心歌壇、影壇上的新聞事件，喜歡頗有見地的思想觀點，並對此發表高論。熱情好客，和藹可親，爲人善良忠厚，思想開朗以及心胸豁達，頗受人們稱讚。

・和人共事富有合作精神，對生活與事業懷著本能的理想主義，這將鼓舞他與周圍的人，並增添了與大家的和諧氣氛。

・但是他是機會主義，因循守舊、自相矛盾的思想，做事很少考慮別人的能力極限，尤其是自己的能力極限，會引起別人的不滿。

人馬座命宮或太陽在人馬座人的個性

・人馬座是天生的樂天派，他愛好自由，不願受任何羈絆，他就像一匹脫韁的馬，正要奔馳於遼闊的草原。他對做任何事情都充滿信心，有助人爲樂的高尚情操，他隨時都在用自己樂觀的、無憂無慮的情緒去感染和激勵他周圍的人。

·這無疑不是個患得患失的人，他總是熱情洋溢的忙這忙那，他願意接受一些好的建議，但他絕對不允許人家在旁指手畫腳，有時爲了不至於被束縛，他會很乾脆地放棄到手的利益。

·出生在人馬座的人熱情洋溢，他因此會有許多的朋友。他一方面在這些有名有望的朋友那裡得到幫助和保護，同時也會盡最大的努力照顧和支援那些暫時還處在困難中的朋友。

·他的特有的優勢在於他的不知憂愁和煩惱爲何物的樂觀情緒，很多的時候正是這種難得的情緒幫助他擺脫了困境。

·出生在人馬座的人有一種強烈的社會責任感，他很眞誠，他希望生活在這世界上的每一個人都能過得如意和幸福。

·跺著腳，貪婪的呼吸大自然的自由空氣，人馬座的人已迫不及待的要出征，到他所渴望的廣闊天地裡馳騁。

・不論是在思想上還是行動上，他隨時都準備去經歷冒險。他對人生、未來與愛情的樂觀情緒，使他永保青春。

・在人生的道路上，他所有的一切努力，都是爲了使人們擺脫困境。樂觀主義精神，健康的體魄與快樂的情緒，會給他帶來運氣與廣泛的好感，他很善於安慰與鼓舞自己及周圍的人，並振奮他們的精神。

・人馬座的人熱情洋溢，對生活充滿火熱的激情，他從不計較個人的得失，喜歡同時投身到許多的事情當中，但輕率行爲往往會給他帶來煩惱。

・深獲眾望，寬宏大量，但不希望別人威脅與干涉他的各種自由。他討厭義務，寧可拋棄既得利益，也不願意受其束縛。

・他喜歡家裡經常高朋滿座，並盡自己所能去幫助他們，他會因此結識許多社會上有影響力的人物，在他的生活與事業上，永遠會得到支持或保護。

・他的命運常與國外或旅行聯繫在一起，通常會給他帶來運氣、友誼與利益，即使在不利的情況下，樂觀情緒也永遠不會背叛他，並能幫助他比別人更快的擺脫困境，這是人馬座人性格上特有的優勢。

・在經歷了動盪不安的歲月之後，從四十歲起，他會轉到正常生活的軌道上來，過著安居樂業的生活，成爲受人尊敬的人，中年時代是事業黃金時期，他有能力與機運去贏得自己的成功。

・他是家庭中的模範父親或母親，或是某項事業的創始人，榮譽在他們心目中，佔有十分重要的地位。

人馬座女性的性格、情感與愛情生活

・人馬座女性嚮往無拘無束、自由自在的生活，她比一般的女孩子都單純，她的生活充滿幻想，她希望得到一份純眞的、盡善盡美的愛情。但是可以肯定會在建立了家庭後，這個出生在人馬座的女性便完完全全變成一個賢慧的妻子和優秀的母親。

・她用她自己的力量支撐著她的家庭，她把她的愛毫不保留的獻給丈夫和孩子，在丈夫面前，她會像朋友一樣理解、尊重他所從事的事業。

・天生具有純眞的氣質，如同一陣清新的風，一種無法抑制的活力，與一股奔向自由的激情，這就是人馬座的女性。

・這是思想單純，愛好體育運動，內心充滿歡樂的「少女」。她的心總是嚮往著純眞與理想化的愛情。

・度過了自由自在，無憂無慮的獨身生活之後，一旦她建立自己的家庭，她將會成爲一個賢妻良母與家庭生活的中流砥柱。

・她需要得到別人的尊重，她的工作希望得到欣賞與讚許，她既關心丈夫與孩子們的幸福，又懂得如何尊重他們各自的獨立性。和人馬座的男性一樣，她不願意自己受到任何感情上約束。

人馬與白羊

・白羊座男性會用他滿懷激情和人馬座女性十分融洽的組成一個家庭。

人馬與雙子

・和雙子座的男性結爲伴侶，他們的家庭生活將是充滿朝氣的樂園。我們有理由相信，雙子座的男性將是人馬座女性婚配的最佳選擇。

人馬與獅子

・她和熱情洋溢的獅子座男性能融洽相處，是美好的組合。

人馬座男性的性格、情感與愛情生活

・人馬座的男性對人生和愛情充滿樂觀。這是一個很自信的男人，也是一個很幸運的戀人，他以他本身特有的氣質和生活作風，輕而易舉的贏得了人們的好感。

・在家裡，人馬是個很稱職的丈夫和很肯負責的父親，他給他的家人廣泛的民主。

・熱情、樂觀，總是滿懷熱忱。在感情上或思想上，他的視野總是看著新的地平線，嚮往著遙遠的國度。

・他的獨立精神很強，喜歡我行我素，不願受別人約束。感情上十分眞誠，是個感情豐富的人，愛情很早就在他的心中，燃起絢麗多彩的火花。

・他的一生有很好的機遇，美好的愛情在等待著他。他對自己所喜歡的人，會表現出無私和慷慨，並希望自己周圍的每一個人，都能滿意和幸福。

・他對家庭與社會有一種強烈的感情，他喜歡出主意，喜歡安排家人生活，同時又尊重每個人的獨立性與行動自由。

・如果他的家庭生活是特別幸福與滿意的，那麼他的感情也是堅貞不渝的。他喜歡凡事來龍去脈都能一清二楚，不喜歡含糊其辭與模稜兩可。

人馬與白羊

・白羊座的女性和他有同樣的熱情，他們的結合有助於實現偉大的事業，白羊會用她全部的熱情幫助人馬座丈夫功成名就。

人馬與雙子

・無憂無慮的雙子座女性，會用她快樂的心情、翩翩的風度，贏得他的好感。如果他們結合，將給小家庭帶來更多的活力，充滿浪漫的情調，生活變得生機勃勃和完美，而且會有許多旅行的機會。

人馬與獅子

・獅子座的女性與人馬座男性結合會產生美滿的婚姻，同樣的慷慨、大方，他們對生活與崇高的事業有著共同的願望。

人馬座兒童的教育與發展

・人馬座兒童笑容可掬、生氣蓬勃，十分容易衝動。

・人馬座的兒童需要自由與有益於健康的娛樂。他喜歡騎馬、飆機車、滑雪或坐小艇去探險，或者到遙遠的國度旅行。

・他的主要優點是忠誠與獨立精神。如果人們能正確對待與理解他，他會表現得十分理智，而且可以完全信賴他；但是如果人們強迫他，就再也無法奈何得了他，他會躲避到另一個虛僞的極端中去。

・一般來說，外界生活要比學習更能吸引他，人馬的孩子特別有語言天才，他會嚮往遙遠的地方，外國與旅行將是他命運中不可分割的一部份。

・他喜歡隨心所欲的生活方式或職業，而不願意把自己鎖在框框之中，他也喜歡有機會名揚四海的工作。

・他的最好出路是自由職業、軍人、法律、駐外機構、體育、賽馬、貿易、社會福利、法律與教師。

人馬座代表人物

男性

莫少聰、董至成、黎明、林政德、林煒、羅時豐、高向鵬、剛澤斌、黃安、黃仲崑、張洪量、周華健、陳凱倫、施文彬、張菲、孫大偉、楊峻榮、豬哥亮、金超群、林源朗、鍾漢良、鄭龍水、黃心懋、李小龍、清雍正帝、達賴十四世。

女性

孟庭葦、林晏如、羅映庭、劉瑞琪、況明潔、黃思婷、徐華鳳、鄭宜霁、周海媚、蔡琴、郭小莊、曾斐莉、李碧華、蔡幸娟、楊麗菁、夏光莉、可兒、黃晴雯。

國外

貝多芬（樂聖）、蓋瑞哈特（美國政治家）、白遼士（法國作曲家）、珍芳達（美國名女影星）、馬克吐溫（美國名作家）、大衛卡拉定（美國功夫明星）、邱吉爾（英國故首相）、普契尼（義大利作曲家）、席拉克（法國總理）、華德迪斯耐（美國著名導演）。

其他

1880	11/24	光緒6、10、23	唐榮	鋼鐵大王
1950	11/25	民國39、10、16	趙少康	新黨創黨人之一
1952	11/27	民國41、10、11	藍毓莉	歌星
1951	11/28	民國40、10、30	郭小莊	藝術工作者
1881	11/28	光緒7、10、7	包玉剛	船運大王
1937	11/30	民國26、10、28	班禪	西藏宗教領袖
1931	12/3	民國20、10、24	劉松藩	立法院院長

1892	12/4	光緒18、10、16	劉伯承	中共將領
1892	12/5	光緒18、10、17	孫立人	前陸軍總司令
1896	12/7	光緒22、11、3	郁達夫	文學作家
1884	12/10	光緒10、10、23	何鴻燊	澳門賭王
1895	12/12	光緒21、10、26	林伯壽	板橋林家
1881	12/13	光緒7、10、22	林獻堂	台灣省通志館館長
1896	12/13	光緒22、11、9	徐志摩	文學作家
1678	12/13	康熙17、10、30	清雍正帝	清帝
1930	12/15	民國19、10、26	鄭周敏	環亞集團
1933	12/18	民國22、11、2	達賴十四世	西藏領袖
1944	12/18	民國33、11、4	施振榮	宏碁電子董事長
1897	12/21	光緒23、11、28	羅家倫	五四發起人

摩羯座

• 星座名稱：摩羯座、第十宮，西名Capricorn（Cap, Cp）。

• 掌管時間：12月21、22日~1月19、20日。

• 中國古名：星紀、初宮、揚州、吳國、牛宮、丑宮0度~29度。

• 星座別名：日名山羊座、古名磨羯座、誤名摩蝎座、摩蠍座、魔羯座、魔蝎座。

• 符號意義：山羊（The Goat）。山羊的角與尾、山羊犧牲品。

• 星座象徵：陰性、地象的基本星座，並且是女性與半吉凶的星座。

• 黃道宮度：270度~299度。

• 後天宮名：中天宮、官祿宮。

・守護行星：土星。

・相對星座：巨蟹座。

・星座句訣：我用、我利用（I Use）。

・星座字訣：經營、管理、支配、控制、野心、外交、權謀、保守、可靠。

・入廟行星：土星。

・旺勢行星：火星。

・落陷行星：月亮。

・弱勢行星：木星。

・身體部位：膝蓋、腿部下方、膝骨、關節、牙齒、骨骼系統、三焦、全身統合系統。

・星座疾病：風濕、膝蓋或骨頭方面疾病。

・星座特點：最佳的特質是「深具外交手腕」。摩羯座由土星所主宰，它使你具有野心與小心謹慎。你步步爲營，且有耐心等待成功到來，你能堅持且不達目的絕不放棄，你會利用人們或事物來圖私利。

・正面特徵：保守的、謹慎的、負責的、小心翼翼的、遵循傳統的、有企業頭腦的、完美主義的、實際的、工作勤奮的、節儉的、嚴肅的。

・負面特徵：自我中心的、專斷的、不諒解的、宿命論的、理智勝於感情的、固執的、壓抑的、沉溺於沉思的、功利主義者、不確實的、僞善的、欺瞞的、悲觀的、壓抑的、消極的。

摩羯座的基本認識

・摩羯座是黃道十二宮的第十宮，是主宰12月22日至1月20日的命宮。

・摩羯座的形象是一隻長著魚尾巴的山羊，它來自希臘神話中，有關財神潘安的傳說，潘安爲躲避妖怪泰牛的追擊而躍入水中，變成動物，浮在水面上的變成半身，浸在水裡的下半截變成魚尾。

冬天出生摩羯座人的性格特點

・摩羯座是象徵著冬天開始的星座，冬天把絕對意識毫無保留、獻給摩羯座出生的人，他容易被熱烈的感情征服，這是具有強烈忘我精神的人，此座的人，一般缺乏熱情，不容易接近。

・他害怕別人毫無意義的談話，會佔據他寶貴的時間，也不能接受別人對他的粗暴無禮。

・他嚴肅認眞、思想深沉、始終如一、忠誠可靠、正直廉潔並富有獻身精神。另外，他固如磐石，毫不妥協，絕不姑息寬容，也從不抱任何幻想，他深居簡出。

・喜觀把自己關在象牙塔中，這對他比去經歷激情的洗禮要好得多。

摩羯座命宮或太陽在摩羯座人的個性

・摩羯座的人抱負遠大，看上去他是一個事業唯上主義者，在他的身上體現的是實事求是的工作作風。

・他是個責任感很強的人，他的一生總是在勤奮的勞動，他討厭無所事事、虛度光陰的生活，他主張為了求得事業的成功，人應該不怕付出艱苦卓絕的努力。

・摩羯座的人天生具有傑出的組織才能，他縝密的思維，客觀、求實的工作作風，會使他進入高級領導階層。

・當有幾個行星同時處在摩羯座時，他將是一個具有現實主義思想和有抱負的人。他的表情冷漠而淡然，喜歡離群索居，太過謹慎而使他錯失良機。

・由於他有時總在下意識的封閉自己、孤獨自己，於是他就難免偶爾產生失望和英雄無用武之地的情緒。

・他缺少自信，也不容易相信別人，他總是在憂鬱地一絲不苟的工作，他渴望成功，他常將個人生活置之度外，他把事業和有關感情方面的其他事情的界限弄得明明白白。

・摩羯座人很愛惜他辛苦得來的勞動成果，他總是在過著量入爲出的家庭生活，有計劃的開銷、勤儉的持家是他的本色，他從不揮霍浪費，他認爲不珍視自己的勞動所得是一種罪過。

・摩羯是個有責任心的人，會產生強烈的失望和懷才不遇的感慨。勤奮的工作和擁有傑出能力的組織者，如同攀登高峰一樣，他的錦繡前程，需要用堅持不懈的努力去爭取。

・他的成功是要靠自己艱苦奮鬥和工作能力，而不能指望運氣和家族的庇蔭。他不喜歡無所事事，庸碌無爲。他的實際感促使他，不斷改進自己工作的質量和生活環境。

・摩羯座人是以事業爲重的，常常把個人生活置之度外。一切從最現實的觀點出發，腳踏實地的從頭做起，並追求實實在在的結果。

・他渴望成功，也許這是爲了補償內心的某種需求或深藏的孤獨，但他從來不會把感情與事業混爲一談。

・他的邏輯思想，客觀態度和組織觀念，有可能使他進入高職要位，有時會把他引入社會，或政治生涯的道路上去。許多國家的元首，在他們的本命星盤中，都是以摩羯座的影響爲主。

・一般來說，從五十多歲起，此座的人才能進入他的黃金時期，年輕的時候總是困難重重，有時甚至備嘗艱辛，然而這種處境，反而會激發他下定

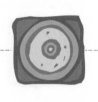

決心，爲自己光明的未來奮鬥前進，如果他能堅持自己事業到底的話，到了晚年，他會品嘗到他辛勤工作，所換來的甜美果實。

・他從事傳統的、有條不紊的工作會比創新的工作更爲顯著，尤其是當土星在摩羯座及寶瓶座，或在黃道第一、四、七、十宮的時候。

・在青年時期，由於缺乏熱情，不容易贏得別人的好感，隨著年齡的增長，他的智商優勢會越來越顯露出來，到了晚年，他在精神上和物質上，都會達到完美的境界。

摩羯座女性的性格、情感與愛情生活

・摩羯座的女性著重於感情，她太需要理解和信任了，但她尤其對異性的追求表現得近乎麻木。她有些患得患失，但一旦她遇到了理想的愛人，看上去她有如變了一個人。

・這時候，她的全部情感都屬於她的丈夫、孩子，幫助和照顧他們成了她的全部生活。她無怨無悔，但她無力承受來自愛情方面的任何細小打擊。

・這是個有自知之明的人，但很難從自己的生活圈子裡擺脫出來，她需要別人對她的理解和信任。

・在愛情方面，她最大的問題是任憑對方如何的追求，她總是力圖用理智去支配自己的行動，因爲她的事業心勝過她的情感。

・她用很大的勇氣和能力，去處理自己生活中的一切事物，並自行負責到底。她希望生活上有可依靠的物質保障，這樣她才能感到心情坦然，因爲她總是擔心隨時會失去什麼，即使在物質生活條件十分優渥的情況下。

・只要土星在她的本命星盤中，影響力較強時，或是它與月亮或金星呈不好的相位時，那麼，憂鬱將是她生活中無法擺脫的陰影。

・如果她的愛情受到了意外的挫折，她會到事業中去尋求安慰和歡樂，用自己的才能去實現精神上的平衡。

摩羯與金牛

・和金牛座的男性同路，能建立一個安定和睦的家庭。

摩羯與巨蟹

・摩羯座的女性喜歡眞誠、溫情的巨蟹座男性，他的溫情會使她的性格開朗、快樂起來。

摩羯與室女

・與室女座的男性結合，將是理想和幸福的結合，他們都可以和她一起，創造一個理想、幸福的家庭。

摩羯座男性的性格、情感與愛情生活

・摩羯座的男性感情深沉不外露，他不輕易相信女性的情感，他總是懷疑那份情感裡面的眞實份量，沒有多少女性能輕而易舉地打開他的愛之門。

・如果他在深深愛上了一個女性後，那深藏不露的愛便會變成歷久不衰的激情。他臉上輕鬆的笑容僅僅屬於他的愛人或者知己，有了家庭之後，雖然他仍然把大部份的精力和時間放在工作上，但他的親人完全可以信賴他，他非常清楚他自己的責任和義務，並付諸行動。

・摩羯座的男性很少表露自己眞正的感情，基本上是一個孤獨的人，他的生活是在一絲不苟、高度的責任感和邏輯頭腦嚴格的控制下進行，激情一般是由雄心和權力慾望挑動起來的，他總是在辛勤的耕耘，有無懈可擊的工作態度。

・他容易認爲別人所做的都不盡理想，一定要自己親手推動，時間將會證明他的成功。

・他有時不相信自己，也不相信別人，思想常常停留在疑慮不安的狀態中。他對女性保持著適當距離，因爲他懷疑她們對感情的眞誠度。

·他的感情是深藏和摸不透的，只有當他傾心於某個女性時，他的愛才能被激發出來，而且這種愛是歷久彌新的。

·他的情緒常常摻雜著憂鬱，只有在知己好友或感到自己被人信賴的時候，他才會展露笑顏。否則，他總是沉默寡言和靜靜的觀察。

·結婚以後，他的心思仍會非常忠誠，對自己的親人有強烈的責任感，完全可以信任他，他的家人應該理解他，給予密切的配合，對他周期性的憂鬱不必理會和苛責。

摩羯與巨蟹

·巨蟹座女性溫順、嫺雅，她能理解他的性格，並會帶給他所需要的溫情和無微不至的關懷。

摩羯與室女

・選擇室女座女性作伴侶，能建立一個安定和睦的家庭並有助於事業。

摩羯與摩羯

・與摩羯座的女性生活在一起，能情投意合、志同道合，彼此都對對方有強烈的責任感，並感到滿意和滿足。

摩羯座兒童的教育與發展

・摩羯座的兒童思想過於早熟，很小就是一付老成持重的模樣，經常對人和事物產生防禦的心態。

・在學校裡他是一個孤獨的兒童，傷感的情緒如同沉甸甸的十字架駝在他的背上。應督促和鼓勵他和同學打成一片，玩在一起，可以抒發他的心胸，不至於使他暮氣沉沉。

・摩羯座的兒童熱衷學習，有自己累積知識的方法，和嚴格的組織紀律觀念，喜歡收集和歸類。這是個學習、工作和生活有條不紊，是一個過分追求完美的兒童。

・無論任何事，他都希望做得精益求精，這些優秀品質，將會幫助他站上重要的崗位，許多學者和政治家都誕生在此星座。

・摩羯座的兒童非常嚴肅、不容被人輕忽怠慢，這是他追求上進的基礎。

・他的理想職業是公教人員、工程師、政治家、考古家、管理人員及有關土地、地質等職業。

摩羯座代表人物

男性

黃舒駿、齊秦、朱浩仁、張鎬哲、孫耀威、伍佰、艾偉、李登輝、蔡一智、李傑聖、梁凱程、何家勁、朱克勤、柯受良、劉永、蘇南成、王永慶、陸沙舟、江家榮。

女性

比莉、堂娜、李麗珍、羅小雲、鄺美雲、何雨雯、裘海正、謝金燕、陳明眞、葉蘊儀、于楓、謝佳勳、鞏俐、李慶安、楊凱琪。

國外

酒井法子（日本影星）、山口百惠（日本影星）、吉田榮作（日本故首相）、史達林（蘇聯獨裁者）、胡佛（美前中情局長）、馬丁路德金恩（美民權領袖）、馬歇爾（美國政治家）、尼克森（美國故總統）、孟代爾（美國前副總統）、約翰丹佛（美國民歌手）、羅麗塔・楊（美國名藝人）、牛頓（英國科學家）、艾維斯・普里斯萊（美國貓王）、穆罕默德・阿里（美國前拳王）、毛澤東（中國獨裁者）、莫里哀（法國17世紀偉大創作家）、沙達特（埃及前總統）、巴斯德（法國微生物學家）。

其他

1895	1／1	光緒20、12、6	胡佛	美前中情局長
1939	1／3	民國27、11、13	蕭萬長	行政院院長
1923	1／15	民國11、11、29	李登輝	中華民國總統
1941	1／15	民國29、12、28	施明德	前民進黨黨主席
1929	1／15	民國17、12、5	馬丁路德金恩	美民權領袖
1936	1／15	民國24、12、21	蘇南成	國策顧問
1959	1／17	民國47、12、9	山口百惠	日本影星
1917	1／18	民國5、12、25	王永慶	台塑集團領導人

寶瓶座

・星座名稱：寶瓶座、第十一宮，西名Aquarius（Aqr, Aq）。

・掌管時間：元月20、21日～2月18、19日。

・中國古名：玄枵、第一宮、青州、齊國、鼠宮、子宮0度～29度。

・星座別名：日名水瓶座、誤名天瓶座。

・符號意義：寶瓶（The Water-Bearer）。持茶壺者、水波或電光。

・星座象徵：陽性、風象的固定星座，並且是男性、無效果及革命的宮。

・黃道宮度：300度～329度。

・後天宮名：福德宮。

・守護行星：土星、天王星。

・相對星座：獅子座。
・星座句訣：我知道（I Know）。
・星座字訣：知道、認識、利他、愛他、獨立、科學。
・入廟行星：土星、天王星。
・旺勢行星：——。
・落陷行星：太陽。
・弱勢行星：海王星。
・身體部位：腳踝、腿部膝蓋以下、小腿、脛骨、腿部神經系統、血液及循環系統、靜脈等。
・星座疾病：關節炎、血液循環問題、腳踝扭傷及骨折等。
・星座特點：最佳的特質是「人道主義」。寶瓶座由土星與天王星所主宰，它使你更具吸引力，不可預測且有安全感。你的思想超越時代，天性使

然你必須享受自由，且被允許表彰你的獨立性，你是富直覺與有創造力的。

・正面特徵：獨立的、創造的、寬容的、個人主義的、力求革新的、愛好藝術的、追求智識的、有科學氣質的、有邏輯頭腦的、人道主義的、利他主義的。

・負面特徵：行爲不可預測的、性情不定的、厭煩細節的、冷漠的、羞怯的、過分專注於各種看法、急進派的、缺乏自我的、叛逆的、好辯論的、爭論不休的、古怪的、不經思考的，太唐突的、失去自由的、充滿矛盾的。

寶瓶座的基本認識

・寶瓶座是黃道十二宮中的第十一宮，是主宰元月21日至2月19日的命宮。

・寶瓶座的形象是一個人雙手持陶壺倒出一地的水，這可能是因爲在古代，寶瓶座從東方升起來時，和中東地區因雨季而遭致洪水氾濫的時間相同，而以此形象賦予寶瓶座。

冬天出生寶瓶座人的性格特點

・在充滿絕對意識的摩羯座之後，是腦海中不斷閃爍著新奇古怪念頭的寶瓶座人，他常常不考慮事情的某些現實方面，而一味推動著他們前進。

・這是一個富有開拓精神的人，他的思維能力勝於本能，是個激進派人物，他感興趣的不是昨天而是明天。他喜歡坐超音速的協和式噴射客機，而不願騎腳踏車。

・當他浸淫在某一理念中的時候，會廢寢忘食。人們爭相與他交往，這是因爲他的創新精神和開拓思想，以及對事物的兩極看法、理想主義、寬宏大量和與生俱來的高尚品德。

・他對現實毫無概念、狂熱、生來就不會平靜的過日子和凡事心中全無底限，這終究會使人們厭倦而遠離他。

寶瓶座命宮或太陽在寶瓶座人的個性

・寶瓶座的人不喜歡受到約束，個性極強。他們思想開朗，總喜歡在旅行中去開闊視野豐富自己的思想境界，並渴望了解別人的內心。如果他對某件事發生了興趣，那麼他能爲之付出巨大的努力。

・他的情緒不太穩定，討厭單調乏味的生活，變化不定，使人難以捉摸，常被人誤解爲是不易相處的人。

・寶瓶座的人生活離不開朋友，瞭解他的朋友甚至一些素不相識的人在他困難的時候都會向他伸出援助之手，他也隨時準備幫助和支持那些生活陷於困境中的人。

・如果他錯信了朋友。將受到物質上的損失。實際上，貧窮和富貴他都覺得無所謂。他很能適應儉樸的生活，又知道該怎樣才能不被財富沖昏自己的頭腦。

・寶瓶座的人是個先鋒派的人物，他的思維能力高於本能。由於他的開拓精神、看事物的積極方式、理想主義、寬宏大度和與生俱有的高尚品質，使人們爭相與他交往。

・寶瓶座人不能忍受任何約束，他也決不強迫自己去服從任何紀律，如果有某件事引起他極大的興趣，他能爲之付出巨大的努力和慘痛的犧牲。

・單調無味的生活會使他心煩意亂，甚至會產生一種使他周圍的人，都無法忍受的異常舉動。

・他時而異想天開，幽默過人，時而冷若冰霜，令人費解，是個極不易相處的人。他不能生活在謊言之中，過分耿直坦率，會被誤認爲是個怪胎，其實人們並不眞正的瞭解他。

・寶瓶座人是新思想的拓荒者，如果給他以完全的行動自由，讓他隨心所欲的去思考和決定，那麼他會表現出卓越的工作才能。

・他是一個創新者，層出不窮的理念和突如其來的直覺，使他能預知未來，許多科幻小說作家、發明家，他們的本命星盤中，都受寶瓶座或天王星的強烈影響。

・此座的人對發現、探索和一切有關開拓的事情，以及航空和飛彈都感興趣，他也可能在攝影和電影藝術方面有所創新。

・寶瓶座的人，善於提升人的精神層次和物質生活，但實際上，他並不具有物質上發跡的才幹，因爲他缺乏必要時的手段，與他結識同時擁有共同理念的人，在他的一生中具有絕大的影響力，他的生活離不開朋友。

寶瓶座女性的性格、情感與愛情生活

・寶瓶座的女性好奇心強，總是把強烈的願望和獨立精神融合在一起。

・她總希望凡事都由自己做主不受任何限制，她的反應是難以預料的，有時讓人懷疑她的理智程度，在愛情問題這一點表現得尤其突出。

・她喜歡從幻覺上走出來的人而不是現實的人，當金星或月亮處在本命星盤時，她的心經常停滯在愛情上。

・寶瓶的人極易走極端，即使有一顆最純潔的心，最理想的愛情，也可能變得冷漠無情。一定不能令她失望，否則，將難以挽回地失去她。但是一旦她找到了自己的眞愛，那麼她就會把自己全部的眞誠和愛心以及她所擁有的一切，毫不保留地獻給自己所愛的人。

・她嚮往一種比傳統的方式更自由浪漫的愛情生活，以及希望以友誼爲基礎的愛情關係。

・好奇心強，常常把強烈的願望和獨立精神融合在一起。她是個反習俗和不願隨聲附和的人，說話和做事全憑自己的興趣。

・她希望凡事都能自己去自由選擇和行動。然而她的反應是難以預料的，有時會令人懷疑她的理智，這一點尤其表現在愛情問題上。

・她的情感與她的想像密切相關，她不但喜歡現實中的人，而且也喜歡從她的幻想中走出來的人，實際上，她的心常常停留在愛情上，尤其當金星或月亮在她的命宮時。

・她的感情是走兩極化，可能有一顆最純潔的心，最理想的愛情，也可能變得完全冷漠無情，記住，一定不要讓她失望，否則將無法挽回而失去她。

・對她來說，獨立自主比單純愛情生活的滿足要更珍貴，因此寶瓶座女性的丈夫一定要注意尊重妻子的性格，這樣他們的愛情才會得到健康發展。

寶瓶與雙子

・雙子座男性的求知慾、上進心和眞誠的友誼，會打動她的心，他們會在志趣相投中和諧的交往。

寶瓶與獅子

・獅子座的男性會對她產生好感，他們對事業有共同的願望和共同的追求。

寶瓶與天秤

・天秤座男性的靈性和對美好事物的嚮往，會喚起寶瓶座女性的愛情。

寶瓶座男性的性格、情感與愛情生活

・寶瓶座的男性內向，好幻想，屬傷感型的人。他常給人一種裝模作樣的印象，但作爲戀人卻是極具魅力的，他容易走極端，視友誼比愛情重要。

・寶瓶座的男性內心世界是錯綜複雜的，令人難以理解，更難以常理去評斷，儘管給人的印象是樸實直爽的，但他的內心常在理想和現實衝突的矛盾中徘徊。

・他的一生喜歡幫助人，他很有個性、又有魅力，這是個令人神魂蕩漾的人。但內在心裡總是會在某些特殊情況下，顯現得異常冷漠和不近人情。

・他不喜歡按規章辦事，也忍受不了愛情的約束。實際上，他要的是友誼而不是愛情，因爲愛情會影響他形而上學的沉思：我是誰？來於何處，歸宿在哪？除非把一切都理想化，他才會狂熱地投入到愛情的懷抱。

・由於土星的影響，寶瓶座的男性性格比較冷漠，孤僻，思想富有哲理。如果天王星的影響大，則會使此座的男性變得幽默，喜歡與人交往，並對所有新事物充滿好奇心。

・寶瓶座的男性在40歲左右的時候，常常會出現不可避免的，註定的人生轉折。他會改變自己的生活，拋棄過往，奔向新的未來。

寶瓶與雙子

・雙子座的女性是他和睦相處的伴侶，她會從精神和事業上不斷給以激勵和幫助。

寶瓶與獅子

・和獅子座的女性情投意合，他們都有才幹，也都有成爲強者的慾望。

寶瓶與天秤

・嫻雅和富有魅力的天秤座女性，能給他藝術創造的力量。

寶瓶座兒童的教育與發展

・所有新事物都會映入寶瓶座兒童的眼窗，他最愛問：「爲什麼？」因爲他喜歡人們指給他看，說給他聽和使他懂得其中的道理，他的接受能力極強，很快就會有與眾不同的觀點和見解。

・此座的兒童可能聰明過人，也可能對所學的知識全無興趣。這主要取決於學科內容和他的情緒。

・這是個任性的孩子，他的心態是矛盾的，已達到無可比擬的狀態，在叛逆的行爲中，他有時會得到一種令人無法理解的滿足心理。

・寶瓶座的孩子獨立精神很強，總喜歡到思想領域中，去尋覓自己所需要的東西，而不願意爲物質利益大費心思。

・在創造和革新方面，許多有利可圖的事情在等待著他，但他從不留戀，而是去做自己喜歡的事。

・他的理想職業是航空、科學、電子、攝影、神秘學、哲學以及有關鈾或鐳的職業。

寶瓶座代表人物

男性

杜德偉、梁家輝、劉爾金、秦偉、辛隆、陳雷、曾國城、蔡一傑、陽帆、殷正洋、巫啓賢、王識賢、黃春明、潘協慶、廖學廣、關華石、辜振甫、梁修身、吳敦義、張紹堂、林華明、黃紹宇、陳宇寰。

女性

恬妞、涂善妮、高勝美、李之勤、何如芸、姚黛瑋、王新蓮、王祖賢、王海玲、張敏、林靈、許寶貴、辛曉琪。

國外

五輪眞弓（日本影星）、羅斯福（美第32任總統）、雷根（美第40任總統）、愛迪生（發明家）、林肯（美第16任總統）、葉爾辛（俄羅斯總統）、麥克阿瑟（美國名將）、米雅法羅（美國女藝人）、提納透娜（美國女藝人）、莫札特（天才作曲家）、詹姆斯迪恩（美國故藝人）、瑪麗奧藍沙（美國故女高音）、保羅紐曼（美國名影星）、卡洛賴特（雷根星象顧問）、迪奧（法國時裝設計師）、凡爾納（法國作家、現代科幻小說的鼻祖）。

其他

1918	1/25	民國6、12、13	辜振甫	和信集團領導人
1933	1/26	民國22、1、1	林　雲	修行者
1928	1/28	民國17、1、6	雷伯龍	股市大戶
1949	1/28	民國37、12、30	余　天	歌星（余清源）
1843	1/28	同治11、12、30	宋哲元	抗日英雄
1948	1/30	民國36、12、20	吳敦義	前高雄市市長
1933	2/2	民國22、1、8	司馬中原	文藝作家（吳延玫）

1899	2/3	光緒24、12、23	老舍	著名文學家
1946	2/4	民國35、1、3	簡又新	駐英代表
1911	2/6	宣統3、1、8	雷根	美第40任總統
1936	2/7	民國25、1、15	黃大洲	前台北市市長
1914	2/8	民國3、1、14	江青	毛澤東妻
1936	2/9	民國25、1、17	毛高文	前教育部部長
1921	2/11	民國10、1、4	秦孝儀	故宮博物院院長
1931	2/13	民國19、12、26	郭婉容	前財政部部長
1918	2/14	民國7、2、4	宣化	僧人
1970	2/15	民國59、1、10	王惠珍	奧運金牌得主
1920	2/18	民國8、12、29	王安	王安電腦
1947	2/19	民國36、1、29	林懷民	雲門舞集創辦人

雙魚座

・星座名稱：雙魚座、第十二宮，西名Pisces（Psc, Pi）。

・掌管時間：2月19、20日～3月19、20日。

・中國古名：娵訾、第二宮、豳州、衛國、豬宮、亥宮0度～29度。

・星座別名：日名魚座、誤名南魚座、天魚座、水魚座。

・符號意義：雙魚（The Fishes）。魚、雙魚結合在一起。

・星座象徵：陽性、水象的變動星座，並且是女性、成熟與多情的星座。

・黃道宮度：330度～359度。

・後天宮名：相貌宮。

・守護行星：木星、海王星。

．相對星座：室女座。
．星座句訣：我相信（I Believe）。
．星座字訣：相信、易感動、同情、憐憫、犧牲、領悟。
．入廟行星：木星、海王星。
．旺勢行星：金星。
．落陷行星：——。
．弱勢行星：水星。
．身體部位：足部、腳部、腳趾、松果體。
．星座疾病：大趾根黏液囊炎腫、皮膚硬化、腳上雞眼與其他的腳部問題。
．星座特點：最佳的特質是「情感細密」。雙魚座由木星與海王星所主宰，它們使你有戲劇天分，具服從性，易於無節制。你是超自然的，愛做白日夢，基於天性，你是理想化的，且追求和平。你相信人們，有時卻會傷害到自己的利益。

・正面特徵：善解人意的、好施捨的、有同情心的、感情豐富的、好犧牲的、有直覺的、內省的、有韻律節奏感的、喜好藝術的。

・負面特徵：拖延的、囉嗦的、憂鬱的、悲觀的、感情固執的、膽怯的、不實際的、怠惰的、易受誤解的、煩惱的、害怕的、退隱的、情感氾濫的、聽天由命的。

雙魚座的基本認識

・雙魚座是黃道十二宮的第十二宮，是主宰2月20日至3月20日的命宮。

・雙魚座的形象是連在一起的兩條魚，它與艾芙羅狄蒂和歐洛斯的希臘神話有關。

冬天出生雙魚座人的性格特點

・雙魚座是冬天和黃道帶的最後一個星座。冬天在它即將離去的時候，把相對意識留給了雙魚座的人。

・此座的人有自己獨特的緘默方式。他對世界上發生的一切，乃至虛無縹緲的事物都有濃厚的興趣，這種琢磨不透的思想，使他變成一輪隱祕光暈，吸引著許許多多的人們。

・人們覺得他安靜、溫柔、眞摯和體貼，但又覺得他的思想深遠莫測。

・他對願望、激情和仇恨，不像有些星座的人充滿絕對意識。心中沒有所謂的壓迫感，他不明白爲什麼明天也可以繼續做的事，一定要抓緊時間今天完成。

・他有詩一樣的情懷，內在的敏感，神秘色彩和某些女性纖細的特質，常喚起人們的遐思。

・在人生的旅途中，他有時會因爲怯懦、漫不經心、放任不羈和迷迷糊的思想而無所適從，也會因爲自己的緘默和缺乏奔放的熱情而悲觀失望。

雙魚座命宮或太陽在雙魚座人的個性

・此星座的人溫情、聰明、神秘、敏感而脆弱，是依賴性極強的人。她嚮往一種充滿和諧友愛氣氛的生活環境，有時，粗暴的言行會使他的精神受到很大的刺激。

・他的生活中需要一個可靠的，強有力的人扶持和幫助。平易近人的秉性能使他獲得很多人的友誼，但有時過分的眞誠和善良會使他陷入「奴隸」的地位，他用紀念來逃避生活中的困難和煩惱。

・雙魚座的人財產觀念很淡漠。他的適應能力極強，由於他的經濟條件常處於不穩定狀態，所以經常陷入一種困境。每當此時，他總想用逃避來自衛。

・他的身體很容易疲勞。噪音、熙熙攘攘的人群、匆忙緊迫的生活節拍，都會使他精疲力竭。

・如果在他本命星盤中，沒有更富激勵性的火星或天王星相位的影響，那麼他的漫不經心會變成惰性。他喜歡幻想，並力圖用幻想來逃避生活中的困難和煩惱。

・他的身上總保持著一種天眞、忠厚的氣質。一般來說，如果他的本命星盤中，沒有土星限制的不利因素影響，且又遇到木星或金星處在理想相位時，他會遇到幸運之神的眷戀；意想不到的事，突如其來的機遇，討喜的性格將會有利於他。

・他有可能中彩票，或在人生道路上遇到一位非常富有和慷慨的知己，於是此座的人就會進入另一種新的意境中，過著充滿幻想或神秘色彩的美好生活。

・另一種趨向是他對財務處理方面毫無概念，有時會沾染上說謊的毛病，這主要取決於木星和海王星在他的本命星盤中所處的位置有關。

・雙魚座的人對財務觀念相當模糊，他很能適應環境，並認爲運用別人的財富，或是把自己的財富，拱手送給在困厄環境中需要幫助的人，是一件天經地義的事。何況海王星又是此座人在本命星盤中有決定性的影響。

・此座的人有可能終生都充滿著幻想，他最好選擇需要有非常寬廣想像空間的職業，如音樂、藝術創作、電影、戲劇、尤其是舞蹈，和海洋、水有關的職業，對他也十分有利。

・雙魚座人的經濟情況，常處在不穩定的狀態下，有時生活寬裕，有時經濟拮据，這種不穩定情形常常給他帶來煩惱。每當遇上這種狀況時，他總用逃避現實來自我慰藉和療傷止痛。

雙魚座女性的性格、情感與愛情生活

・雙魚座的女性與男性不論在性格上和愛情生活上都有很大的出入。此座女性溫情、浪漫而又富有幻想，但缺乏應變能力。

・在生活中，她需要一個能保護她並能把她的一切安排就序的丈夫。不管在什麼樣的事情面前或處於什麼樣的環境，她的情緒變化都不激烈，相反會趨於無動於衷。

・她的感情脆弱，別人很容易用感情融化她，使她任憑別人支配。追求一種充滿神祕色彩、羅曼蒂克的愛情生活。在現實生活中，她所喜歡的人往往與她心目中的偶像截然不同，但她還是熱情地、眞誠地投入他的懷抱。

・她感情專一、並富有爲愛情而獻身的精神，此星座的女性缺乏物質和金錢的必要概念，所以在管理家政和經濟方面，她需要有人幫助。

・她性情溫柔、極易相處，總是散發出一種令人難以抗拒的奇異魅力，這是一個浪漫而富於夢幻的人，對生活充滿熱烈的希望，但缺乏應變的能力，因此她需要一個強而有力的人，來呵護她、憐惜她。

・她喜歡別人把一切都替她安排就緒，此座的女性，多半像天眞可愛的孩子，希望自己是丈夫的掌上明珠。

・在使人心振奮、激動的大場面前，或令人沮喪的情況下，她的情緒變化並不很激烈，相反，會趨於平穩和冷靜。

・她需要學會說「不」這個字，因爲這是她最好的自衛方法，然而這對她又是多麼的難以啓齒。

・她的一生是充滿想像和追尋精神上的昇華，內心中經常浮現五彩繽紛的奇異夢幻。

・她忠於愛情，並願意爲愛情而獻身。她的愛情生活充滿浪漫的、神秘的色彩，或者全然聽天由命，或者追求柏拉圖式的意境。

雙魚與巨蟹

・巨蟹座的男性在性格上，與她有許多共同之處，他們彼此心照不宣、自然、和諧。

雙魚與室女

・室女座男性的個性眞誠而審愼，能夠理解她，支持她、尊重她。

雙魚與天蝎

・天蝎座男性對她會產生好感，並用激情的愛打動她的心，而她也喜歡天蝎的男性氣質和魅力。

雙魚座男性的性格、情感與愛情生活

・雙魚座的男性有些神秘，讓人難以想像他在想什麼或希望些什麼。在生活上也是得過且過，不過他在困難和矛盾面前從不輕易讓步，總渴望有奇蹟般的解決辦法，如果讓他做出選擇時，他又束手無策。

・受其性格的影響，在愛情方面，從不主動向對方傾訴衷情，也不考慮付之行動，他需要一個聰明能幹又能指導他言行的女性。由於他在戀愛問題上缺少主動性，任人選擇和追求，容易促成令他不滿意的婚姻。

・在生活上，他很容易走極端。他可能成爲男性中品德高尚的榜樣，也可能成爲不專一的、迷戀桃色的或不可思議的人，這主要取決於他所接觸的環境及所受的教育。

・神秘而有些不可思議，人們無法知道他在想什麼或希望什麼，像在本命星盤中受海王星影響較強的人一樣，此座的人有點烏托邦的思想傾向。

・在感情方面，如果對方不主動向他傾述衷情的話，他從不考慮去付諸行動，他需要一個能指導他言行的精明能幹的生活伴侶。

‧他不能忍受孤獨，本能的受到團體的吸引和影響。周圍人的一切都會在他的思想中打上烙印，有時是很深刻的。

‧他的思想有時會飛到虛無縹緲的世界中，有時也會陶醉在音樂、繪畫、詩歌和幻想的美好意境中。

‧雙魚座的男性一般都缺乏實際感，比較愛揮霍；需要一個相處融洽的女性，能扶持他的事業，成為他理財的好幫手，並能主動的承擔家庭責任。

雙魚與巨蟹

‧溫情的巨蟹座女性，是他生活中的理想伴侶，性情相近而又有愛心、同情心。

雙魚與室女

‧室女座女性嚴謹而能幹，能幫助他的事業、照顧好他的財產，並主動承擔家庭義務。

雙魚與天蠍

・同樣喜愛歡娛氣氛，精神和心靈都十分相似的天蠍座女性，能和他相處融洽。

雙魚座兒童的教育與發展

・雙魚座兒童的教育問題是不容忽視的，因爲此座的兒童適應能力相當強，他的成長和發展幾乎完全取決於周圍人對他的影響。

・他順從、愛幻想、渴望從別人那裡得到有益的建言和決定，然後一絲不苟的奉行，但這並不影響他生活在自己的志趣境界裡。

・他慧黠、靈活，觀察和模仿能力一流，常常會提出令人意想不到的問題。不要以爲他不言不語的時候，就可以儘管放心的高枕無憂，恰恰相反，要以理解和寬容心，密切的注意他，因爲他非常容易仿效烈士的自我犧牲精神和舉止。

・他思想中經常有些模糊不清的概念，最好教他一些邏輯思考的方法，和培養他專心一志的精神和能力，這樣可避免他以後誤入妄想和對事業毫無企圖心的傾向。富於想像和逃避現實的願望，在此座孩子身上表露無遺。

・要提防他結交壞朋友而吸毒或出走。如果能博得他的好感和信賴，他會努力做好人們對他的期望和一切，要充分發揮他的善良本性。

・他的最好職業是音樂、舞蹈、舞台藝術創作、繪畫等所有需要想像力、預知力和藝術鑑賞力的職業。慈善事業、獸醫、海軍、旅館業對他也很適合。

雙魚座代表人物

男性

鈕大可、羅興樑、高凌風、洪榮宏、黃品源、鍾鎮濤、鄭中基、陳百潭、蔡康永、曹俊鴻、楊適豪、林清玄、郭泰源、祝嘉正、許不了、柯俊雄、周恩來、趙立宇、梅可望、鄭宇君、于希平、小蟲、高明瀚、順治皇帝。

女性

方季惟、李亞萍、呂秀齡、江美麗、邱淑宜、許舜英、陳小雲、蔡幸娟、葉童、伊能靜、于美人、張瓊姿、高勝美、費貞綾、陳琪、蠟筆小嵐、陳平（三毛）。

國外

松田聖子（日本影星）、易卜生（文學家）、賈克遜（美國第7任總統）、喬治・華盛頓（美國國父）、哈利巴拉方提（美國名藝人）、安德魯（英國王子）、雷姆斯基・高沙可夫（蘇聯名指揮家）、愛德華・甘迺迪（美國甘氏家族）、哥白尼（波蘭科學家）、伊莉莎白泰勒（美國名影星）、李查波頓（美國名影星）、愛因斯坦（科學家）、約翰史特勞斯（圓舞曲王）、米蓋朗基羅（名畫家）、雨果（文學家）、蕭邦（音樂家）、拉威爾（音樂家）。

其他

1943	2/21	民國32、1、17	三毛	作家（陳平）
1916	2/22	民國5、1、19	倪文亞	前立法院院長
1955	2/23	民國44、2、2	王令麟	東森電視董事長
1947	2/24	民國36、2、4	曹興誠	聯華電子董事長
1951	2/25	民國40、1、20	曾振農	立委

1945	2/26	民國34、1、14	於勇明	前鴻源機構總裁
1945	2/27	民國34、1、15	柯俊雄	影星
1898	3/2	光緒24、2、10	周恩來	中共故總理
1927	3/5	民國16、2、2	王又曾	力霸集團負責人
1902	3/6	光緒28、1、27	邱清泉	抗日英雄
1950	3/8	民國39、1、20	嚴　新	氣功師
1970	3/8	民國59、2、1	葉子媚	香港影星
1638	3/15	崇禎11、1、30	順治皇帝	清帝
1918	3/16	民國7、3、4	梅可望	前東海大學校長
1942	3/16	民國31、1、30	宋楚瑜	前台灣省省長
1955	3/17	民國44、2、24	殷　琪	大陸工程總經理
1941	3/17	民國30、2、20	王金平	立法院院長

1866	3/18	同治5、2、2	辜顯榮	鹿港望族
1944	3/19	民國33、2、25	方　瑀	連戰夫人
1963	3/19	民國52、2、24	洪榮宏	閩南語歌王
1941	3/20	民國30、2、23	許信良	前民進黨黨主席
1925	3/21	民國14、2、27	王玉雲	前高雄市市長

4 行星入黃道星座

十二星座守護星

每個星座都有掌管的行星，也顯現出各個星座的特質和差異性，古代只有日月五星，所以守護星（宮主星），較爲單純。例如：

・太陽掌管獅子座。
・月亮掌管巨蟹座。
・水星掌管雙子座和室女座。
・金星掌管金牛座和天秤座。
・火星掌管白羊座和天蠍座。
・木星掌管人馬座和雙魚座。
・土星掌管摩羯座和寶瓶座。

現代發現三王星、科隆、四小行星、以及冥后星等，也各有掌管的星座，詳見下表：

星座正名	起止時間	守護星（宮主星）
白羊座　Aries	3月21日～4月20日	火星。
金牛座　Taurus	4月21日～5月21日	金星。
雙子座　Gemini	5月22日～6月21日	水星。
巨蟹座　Cancer	6月22日～7月23日	月亮。
獅子座　Leo	7月24日～8月23日	太陽。
室女座　Virgo	8月24日～9月23日	水星、穀神星、灶神星。
天秤座　Libra	9月24日～10月23日	金星、婚神星、智神星、冥后星。
天蝎座　Scorpio	10月24日～11月22日	火星、冥王星。
人馬座　Sagittarius	11月23日～12月21日	木星、科隆星。
摩羯座　Capricorn	12月22日～元月20日	土星。
寶瓶座　Aquarius	元月21日～2月19日	土星、天王星。
雙魚座　Pisces	2月20日～3月20日	木星、海王星。

星座和行星的「廟、弱、旺、陷」

一個行星若位居其所守護的星座，則其影響力特別大，稱爲「入廟」行星。除守護星座外，還有一個星座是行星可在其中表達和諧力量的，稱爲「旺相」行星。一個行星位居其所守護星座的相對星座，稱爲「失勢」。當一個行星位居「旺相」行星的相對一方，稱爲「落陷」。

入廟

・當一行星在它所守護的星座，稱爲「入廟」。

・會增加我們對它的感應。若一行星爲「入廟」，你會控制自己的情況。

失勢：簡稱「弱」

・當行星位於它所守護星座的相反星座時，稱爲「失勢」。

・它表示行星的力量不會完全發揮，而星座的影響力比行星大。

如果一行星在一「後天宮」中失勢，這表示在該領域中必須遵循其規律。

旺相：簡稱「旺」

・每一行星除了自己所守護的星座，還有一個和它有親和力的星座。

・當它位於此星座時，可發揮和諧的力量，互補的因素增加，而優點更形擴充。

如果行星旺相，好比你在某位朋友家中，感到舒適自在。

落陷：簡稱「陷」

・當一行星位於和其旺相的星座相反星座時，稱爲「落陷」。

・因爲這種行星難以表達其特性。

如果一個行星爲「落陷」，好比你呆在某位朋友的家裡，感到不自在。

星座名稱	入廟行星	旺勢行星	落陷行星	弱勢行星
白羊座 Aries	火星	太陽	土星	土星、天王星
金牛座 Taurus	金星	月球	冥王星	天王星
雙子座 Gemini	水星	——	木星	——
巨蟹座 Cancer	月球	木星	土星	火星
獅子座 Leo	太陽	海王星	天王星	——
室女座 Virgo	水星	水星	海王	星金星
天秤座 Libra	金星	土星	火星	太陽
天蝎座 Scorpio	火星、冥王星	天王星	——	月球
人馬座 Sagittarius	木星	——	水星	——
摩羯座 Capricorn	土星	火星	月球	木星
寶瓶座 Aquarius	土星、天王星	——	太陽	海王星
雙魚座 Pisces	木星、海王星	金星	——	水星

行星 Planet	入廟 Dignity	失勢 Detriment	旺相 Exaltation	落陷 Fall
太陽 Sun	獅子	寶瓶	白羊	天秤
月球 Moon	巨蟹	摩羯	金牛	室女
水星 Mercury	雙子、室女	人馬、雙魚	寶瓶	獅子
金星 Venus	金牛、天秤	天蝎、白羊	雙魚	室女
火星 Mars	白羊、天蝎	天秤、金牛	摩羯	巨蟹
木星 Jupiter	人馬、雙魚	雙子、室女	巨蟹	獅子
土星 Saturn	摩羯、寶瓶	巨蟹、獅子	天秤	白羊
天王星 Uranus	寶瓶	獅子	天蝎	金牛
海王星 Neptune	雙魚	室女		
冥王星 Pluto	天蝎	金牛		

太陽在黃道星座

太陽代表你的內在自我與人格，所以你必須把下列的描述置於此種脈絡來思索。

太陽在白羊座（旺相）

你是個勇武、直率、野心勃勃的人，使你行動快速，有活力而熱情。你是領導者，而非跟隨者，你在有權威性以及專司管理的職務上可大有表現。你喜歡在自己高興時，作自己的事情，而你非常堅持己見，有時甚至倨傲。你對於他人的需求很敏感，你也很少懷恨別人。在你過度的自信心下，可能隱藏很深的自卑，你有強烈的統御慾。

太陽在金牛座

你有毅力，有決心，審愼，是個勤奮工作的人，但總需要一段時間才能適應新觀念。你喜愛美術與音樂，在這方面可有優異表現。你矜持而踏實，對人很少施展壓力。你喜歡嚴肅而實際地負起責任，你喜愛優雅的生活，並有一股想去建立穩固基礎的內在動力，尤其在經濟方面。你很頑固，但不易發怒，然而一旦生氣，即不得了。你有同情心並善解人意，是個忠實的朋友，但也是個動彈不得的敵人。

太陽在雙子座

你敏銳、健談，游移不定且有同情心，但你必須培養持續力，否則無法達成眞正的成就，變化是你生活中的調味料。你喜歡交朋友，但極力避免建

立深刻的感情，你口才流利，喜歡閱讀，且有很多嗜好，你的行事態度曖昧而不負責，常想變換環境。你最好把你的能力與天賦用在交流傳播的工作上，才不至於變成一個無聊的話匣子。

太陽在巨蟹座

你天生依戀家庭，有愛國心，有母愛而充滿想像力。你性情沉靜，坦誠且易接納別人，卻很在乎別人對你的看法。你喜歡感到被需要，從對全人類的深刻關懷中，你可克服天性上的羞怯。你喜好烹調與招待客人，也是個狂熱的收藏家。在有需要時，你變得長袖善舞以達成目標，因爲目標乃是你的安全感所在。你需要一個寧靜的安歇之處，因爲周遭的風吹草動都會影響你。

太陽在獅子座（入廟）

你是個天生的領導者，活躍、慷慨、有朝氣、樂觀。雖然你很有自信心，卻懼怕別人的嘲笑與羞辱，你喜歡表現你的感情。雖然你可能沒有很多子女，但你卻喜歡小孩，而他們也都對你反應很熱烈。耐心不是你的優點，你必須學習抑制自己的狂熱以及對生命過於戲劇化的態度。你無法被強迫作任何事情，但諂媚阿諛能制服你。由於你有創造力且感情豐富，很可能成爲優秀的演員或教師。

太陽在室女座

由於你行事審愼適度，易分辨是非，思慮周到，每件事你都可作完善的處理。你很注意細節，但你可能操之過急，而變得挑剔，過於評頭論足，甚至多管閒事。你很易擔心，但你不易氣餒，一旦你克服膽怯，就會能言善道，很清晰地表白你的想法。你喜歡固定的例行公事，隨時都能爲人服務，很負責。你好思索，喜愛學問，你看起來比你的實際年紀年輕。

太陽在天秤座（落陷）

你相信妥協，所以你可以成爲外交官，你喜愛美與優雅。你不喜歡把手弄髒，而經常逃避會污染到雙手的工作。你有魅力而好交際，在合夥的關係上，你的表現最佳。你容易早婚，你喜歡社交生活，舉止高尚，喜愛款待客人。平靜與和諧對你很重要，你很可能爲了達到這種境界而頗費周張。

太陽在天蠍座

你意志堅決，有侵略性而精明，對任何事很少處於被動或中立的立場。

個性深沉，經常悶不吭聲，保持緘默，時而充滿嫉妒，怨恨，甚至報復心很重。你的身體復原力很優秀。你是個找尋眞理的人，你有敏銳的判斷力與洞察的見解，這些特質使你易於對別人施展權威。科學、醫學或其他講求精密的行業，乃是你可選擇的，意志力及持續力是你的長處。雖然你相當沉默，但受到挑激時，會變得直言無諱。

太陽在人馬座

你很熱情，喜歡處在人群中。你信奉高等原則，諸如大愛與世界和平。你自在、坦誠、愉快而樂觀，你經常忙碌不堪，粗心且浪費。你的態度寬容，可與各種類型的人一起工作，你能接納他們的任何舉止。你很外向，但你的直率與缺乏耐心，會在無意中傷害到敏感的人。你喜愛運動，戶外活動與旅行。「別束縛我」是你的口頭禪。

太陽在摩羯座

由於你充滿野心，態度嚴肅，對職務很專注，你的生活可能不那麼愜意，但你終能獲勝。雖然你很自制，負責而實際，但你經常陷入自憐。你有優秀的推理能力，對於目的與方向的感覺很敏銳。你與人交往，可能顯得嚴肅而保守，然而一旦你託付了你的信任，你是個忠誠而穩固的朋友。你很容易社會化，所以你會樂意爲了你所追求的事物而勤奮工作，你的自尊對你很重要。

太陽在寶瓶座（失勢）

你有原創力，獨立，有個人主義的傾向，愛好自由。如果你的這些特質沒有把持好，你可能很叛逆而乖張。你的好惡表現強烈，這使你顯得頑固而不服從。任何奇異的事物都會吸引你，而你也經常對神秘學、星象學或此類的活動充滿興趣。你喜歡熱愛許多人，而不願專注於一人，這使你在感情上顯得超然而冷漠。你的言行不可預測，你充滿好奇心，相當有智識，你的目標在於表達有用的知識。

太陽在雙魚座

你是個夢想家，對人親切，寬容，和善。你很容易受人影響，因爲你不願傷害任何人。你很難下任何決定，因此你必須克服想要逃避困難的心理。你有創造力，有靈性，甚至有神秘主義的傾向，但你也時常會怠惰而不切實際。你似乎缺乏自信心，但因你具有安靜的作風，卻可完成許多事情。你有魄力而討人喜歡，你很善於對待那些陷於困境的人，你也喜歡動物。比起其他星座，魚座的人的優點與缺點有較大的伸縮性。

星象命例分析

白羊座人物分析

成龍（動作片影星）1954/4/7

（太陽白羊座、命宮金牛座、月球雙子座、金星金牛座、木星雙子座）

・太陽白羊座、木星雙子座和正財宮，精力充沛，活力十足，以肢體語言和動作影片來賺取金錢，而且是「大大的好運」。

・財宮中的木星和工作宮中的海王星呈大吉相，演藝生涯最佳，能充份發揮藝術天份。

・火星人馬座和大財宮，一生努力賺錢，置生死於度外，使得財源滾滾。

・金牛座的金星，和人馬座火星呈大吉相，成龍有強大的男性魅力，尤其是主演的動作片，票房奇佳，財源滾滾，勢不可擋。

金牛座人物分析

瓦倫鐵諾　Rudolf Valentino（美國著名演員、美男子）1895/5/06

（太陽金牛座、命宮雙魚座、月球天秤座，金星雙子座、木星巨蟹座）

・太陽在金牛座、命宮在雙魚座、月球在天秤座，這位美國著名的演員和銀幕「大情人」，他擁有許多陰性星座，並受金星和海王星的強烈感應，加上演藝生涯，更使他成爲家喻戶曉的人物。

・月球在天秤座、金星在雙子座、木星在巨蟹座，他多才多藝，天生有演藝才能，也有豐富的感情、敏銳度和想像力都極佳，更具有吸引觀眾的魅力，尤其是女性觀眾，所以他一直擁有很好的聲譽和票房，這也是他成功的地方。

・金牛座中的太陽、水星，正是他的正財宮，偏財宮爲獅子座，天蝎座又掌管他的大財宮，顯現他是個財運亨通的人，懂得經營賺錢之道，又能謹慎處理錢財，所以說：「財富是屬於懂得經營的人。」

雙子座人物分析

瑪麗蓮・夢露 Marilyn Monroe（美國名豔星）1926/6/1

（太陽雙子座、命宮獅子座、月球寶瓶座、金星白羊座、木星寶瓶座）

・太陽、水星在雙子座、月球、木星在寶瓶座。夢露自幼聰明伶俐，活潑可愛，也顯現與眾不同的個人氣質和魅力，清新亮麗，超塵脫俗，更有標緻的曲線和迷人的身段，以及多才多藝的表演天份，彷彿天使在世，仙女下凡，也暗示她有出奇不凡的一生，充滿著戲劇性。

・命宮、海王星在獅子座，金星在白羊座。她是天生的演員，演藝出眾，高貴亮麗，而且能發光發亮，更有領導時尚，帶動風潮的大好格局，而且一生富貴，和官場交往頗深，也註定成爲家喻戶曉的超級明星，離奇的死亡，也使她成爲一位謎樣的人物。

巨蟹座人物分析

溫莎公爵　Duke Of Windsor（英國遜王）1894/6/23

（太陽巨蟹座、命宮寶瓶座、月球雙魚座、金星金牛座、木星雙子座）

・太陽、水星在巨蟹座，月球在雙魚座，金星在金牛座。他出生在一個溫暖而略嫌封閉、混亂的皇室家族。但卻是一位重情、念舊、充滿感性、幻想的人，喜歡沈迷、沈醉在過往的一切，而不敢面對將來的一位懦弱帝王，在充滿過往與現實的矛盾下，面對王位與感情的掙扎時，最後放棄了王位，而選擇了令他神往的感情世界。

・命宮在寶瓶座，木星、海王星、冥王星在雙子座。他和辛普森夫人的戀情，成爲廿世紀最大的「桃花」事件；寶瓶座終於戰勝一切，獲得自由身，他於一九三七年放棄英國王位，於六月三日和辛普森結婚，成爲佳話，也令人歎惋，亦成就了一段「不愛江山愛美人」的美麗動人愛情故事。

獅子座人物分析

蕭薔（名女影星）1968/8/13

（太陽獅子座、命宮天蝎座、月球白羊座、金星室女座、木星室女座）

・太陽、水星、火星在獅子座、命宮在天蝎座，這位天生麗質的「大美女」，始終吸引著眾人的目光，更是媒體的焦點，劉家昌更驚爲「天人」。

・她蘊藏著強大無比的魅力和潛能，天生就有演藝細胞，才華出眾，將來必是大牌的「超級明星」。

・月球、土星在白羊座，金、木、天王、冥王四星在室女座，個性爽朗、率眞，生活嚴謹有序，情緒進退自若，都是她成功的條件。

・以時間、勞力來賺錢，自然財源不絕，演藝生命長久，感情運稍遲，不必過急；不過，身體尚嫌單薄，忙碌之餘，需有適度休息。

室女座人物分析

史恩．康納萊　Sean Connery（美國名影星）1930/8/25

（太陽室女座、命宮摩羯座、月球室女座、金星天秤座、木星巨蟹座）

．太陽、月球、水星、海王星在室女座，命宮、土星在摩羯座。他有很好的演藝天份，並開創了「○○七」影集的熱潮，造成七○年代的電影風格，成就了製片人的夢想和自己的不朽，也讓自己成爲家喻戶曉的英雄人物。

．金星在天秤座，木星、冥王星在巨蟹座。他有室女、摩羯冷酷、冷靜的一面，也有天秤溫情和巨蟹感性的一面，更能深刻的刻劃戲中角色的個性，以及展現他的演技，更風靡了萬千的影迷，使得○○七影集連拍十幾集續集而欲罷不能。

天秤座人物分析

劉德華（四大天王）1961/9/27

（太陽天秤座、命宮白羊座、月球金牛座、金星室女座、木星摩羯座）

・命宮在白羊座、金星在室女座、木星摩羯座，「鼻子尖尖、有點酷」的天王之王，是個萬人迷的大眾情人，名聲歷久不衰，自然也成爲一位不朽的超級巨星。

・太陽在天秤座、月球在金牛座、金星在室女座，演、歌、藝全方位發展，賺錢不落人後，理財更有一套，財運亨通，吃定兩岸四地，是港星中身價最高的一位。

・太陽在天秤座，月球在金牛座、金星在室女座、木星在摩羯座。在感情上，他優雅、藝術的氣質，雖然迷倒不少影歌迷，可是他對選擇異性的態度是審慎的，喜歡較爲傳統、愛家的古典美女。

天蠍座人物分析

林志穎（青春偶像）19741/1/12

（太陽天蠍座、月球白羊座、命宮天秤座、金星人馬座、木星天蠍座）

・太陽、水星、金星、火星四星齊聚天蠍座，顯現出特有的氣質，這種「致命的吸引力」是一種迷倒眾生的魅力，他的一顰一笑，一舉手投足間，都能使女性爲之著迷。

・月球、天王星、冥王星在天秤座，能成爲「萬人迷」，人際關係必定要很好，則合作關係也會變得很好，天秤能幫他在演藝圈中佔上一席之地，賺錢更是輕鬆愉快。

・命宮在室女座、木星在雙魚座，他能節省，又善經營之道，在日漸興旺的演藝生涯，也不斷在提升自己，相信潛力無限的他，加上好運，會使他前途無量。

人馬座人物分析

李小龍　Bruce Lee（華裔武打明星）1940/11/27

（太陽人馬座、命宮人馬座、月球天蝎座、金星天蝎座、木星金牛座）

・太陽、命宮在人馬座，木星、土星、天王星在金牛座。李氏的勇猛、剛健、手腳俐落，正如人馬的利箭。

・「中國功夫」自近代黃飛鴻、霍元甲等輩有所恢弘之外，就數李小龍一人，不同的是，李小龍將「中國功夫」傳揚至世界，變成「中國國寶」，此實爲近代史的大事一件。

・月球、水星、金星、火星在天蝎座。他有深沉、內斂、堅毅的性格，也有強烈的爆發力和自我毀滅的特質，他在影片中顯現的不是作秀，而是眞材實料的眞功夫，讓世人刮目相看，不幸於卅二歲的壯年突然殞落，也讓世人感嘆「世事多變」。

摩羯座人物分析

艾維斯‧普里斯萊　Elvis Presley（美國貓王）1935/1/8

（太陽摩羯座、命宮人馬座、月球雙魚座、金星摩羯座、木星天蝎座）

‧太陽、水星、金星在摩羯座，命宮在人馬座。他有清新自然、純樸善良的性格，以及不斷自我提升的榮譽感與成就感，貓王自幼即在教堂唱詩班中唱聖詩，他的聲音渾厚有力，無論是抒情、搖滾、聖歌、鄉村、西部、藍調、爵士、黑人靈歌等，支支感人肺腑。

‧榮獲有45張百萬金唱片，並躍上銀幕，拍了二十部影片，暢銷曲數百，被譽爲「搖滾樂之王」。在世時，他的唱片銷售總數爲五億張。

‧月球在雙魚座，木星在天蝎座。他有用之不竭的潛能和堅忍不拔的毅力，也有著致命的吸引力，魅力十足，尤其是女性聽眾和觀眾，皆爲之著迷瘋狂。中年後因逐漸發胖，身心劇變，爲安定神經和適度減肥而嚴重嗑藥，也因此英年早逝，於一九七七年死亡。

寶瓶座人物分析

莫札特　Wolfgang Mozart（天才作曲家）1756/1/27

（太陽寶瓶座、命宮室女座、月球人馬座、金星寶瓶座、木星天秤座）

・太陽、水星、金星在寶瓶座，木星在天秤座，他有音樂、作曲和藝術方面的天份，聰明加上努力，堅強、不服輸的性格，加上良好的音感、觸感，以及人際關係，造就他成爲一位全才的音樂大師。

・月球、冥王星在人馬座，命宮在室女座，從小就會看樂譜、作曲，並能演奏各種樂器，展現音樂藝術才華的他，也和國外結了緣，十歲不到就環遊世界巡迴演奏，被稱爲「音樂神童」。

雙魚座人物分析

伊莉莎白・泰勒　Elizabeth Taylor（美國名女藝人）1932/2/27

（太陽雙魚座、命宮天秤座、月球天蠍座、金星白羊座、木星獅子座）

・太陽、水星、火星在雙魚座，月球在天蠍座。她有強烈的演藝細胞和深藏的潛能，她從小就展現演藝天份，而且一生有極大的福氣和財富。

・她十歲起就活躍在好萊塢影壇上，是最受歡迎的女童星。一九五七至五九年，三次榮獲奧斯卡提名，一九六〇年的《應召女郎》、一九六六年的《靈欲春宵》，兩次榮獲奧斯卡最佳女演員金像獎。

・命宮在天秤座，金星、天王星在白羊座、木星在獅子座。她有迷人的外型和高雅的氣質，有極高的名聲，在演藝圈中具有指標作用。她是本世紀知名度最高的女演員，最知名的影片是一九六三年的《埃及豔后》，一九八一年，首度在百老匯主演《小狐狸》。從影四十年，拍片五十餘部，結婚八次，也是女藝人中的「小富婆」。

附錄

後語

現在我們特別企劃製作這本「星象學手冊」系列之「太陽星座的第一本書」。筆者希望讀者和學者喜歡這本書，也希望您學到很多，但最重要的是，我們希望星象學幫助您過一個更充實、更快樂的生活。

爲使學者能眞正瞭解本書，也讓讀者認識自己，特別於一九九七年正式推出「中文星象軟體」，這是「世界第一套Windows版圓盤式全中文化星象光碟」，而一九九九年又推出改良的「中文星象軟體」，希望對提升星象學的研究有所幫助，配合本書的研究，相信短期內必有所成。

由於國內盜版不絕，世界各國對智慧財產權的保護不遺餘力，一九八三年起國外開始推出DOS版的「星象軟體」，筆者是最早將原文星象學書籍和軟體等星象資訊引進國內的第一人，並作爲教學輔助（有完整的購書單爲憑），幾乎隔年就買一套新版，前後有十套及其他各式軟體數十種，首先需註冊登記，對方再給與專有的「密碼」，通過「密碼」或「鎖碼器」方得使用；但至今卻沒有一套可以使用，顯然是有時效性，這是上道的電腦玩家都知道的事，這些都是眾所周知的商業手段，可見國外「智慧財產權」保護的實況。一九九〇年以後，弟子呂氏和再傳弟子等，向美簽約取得經銷權益，但價格非初學者所能負擔。

為此，筆者特別精研發展出適合國人使用的「中文星象軟體」，作爲初學者的排盤工具，造福後學、後進；但許多專業研究和職業星象家都在使用本軟體，其中不乏「知名人士」。在星盤的精準度上，國外軟體較爲優勝；但在實用性、方便性和價格方面，則筆者研發的「皇極星象玩家系列」則遠勝國外軟體，歡迎比較試用。

本研究中心爲求突破，每年都會有更新版本，並陸續推出「升級版」、「專業版」等，如果讀者想升級、進步，最好逐年購買新版接替，才能跟上日新月異的寶瓶時代，獲得最新版本，以提升心靈和智慧。專業或職業玩家如需專業版本，可向本中心註冊登記，並爲您設計屬於自己專用的星象軟體。

黃家騁簡歷

主要經歷：中華民國易經學會易經主講。

經歷：中華民國易經學會歷任理事暨易經主講／中華易學月刊社務委員兼編撰。

- 中華學術院中國醫學研究所副教授／華岡傳統醫學會副會長。
- 港九中醫師公會永遠名譽會長／港九中醫研究所名譽教授。
- 三軍大學、國立中興大學合作中文電腦化「倉頡計劃」研究員。
- 美國星象家聯盟AFA研究員／美國職業星象家研究中心ISAR研究員。
- 美聯社AP、CNN、TIME週刊，日本NHK、講談社等訪談多次。
- 各大報專訪數十次，新聞媒體廣播、三台、第四台專訪座談逾百次。

專業：講授易經象數、易經經傳、洪範數學、皇極經世、天文曆算、七政四餘、中西星象學、八字學、八字擇日、星象擇日、紫微斗數、三元陰陽宅理氣等廿餘年。

中華易學月刊星象專文四十餘篇／發表於報刊雜誌之易學與星象學專文逾五百篇。

黃家騁著作書名	出版	出版單位
1.易學提要	1976	皇極出版社
2.易學與醫學之綜合研究	1976	皇極出版社
3.洪範易知	1976	皇極出版社
4.易術概要	1976	皇極出版社
5.邵子易學與經世預言	1976	皇極出版社
6.易經講義	1976	皇極出版社
7.陽宅講義	1976	皇極出版社
8.天文七政及星象學應用圖表	1977	皇極出版社
9.電腦精算天文七政三王真躔萬年星曆（西元前1000年至2406年）	1977	皇極出版社
10.電腦精算三百年陰陽干支萬年曆（西元1801年至2100年）	1977	皇極出版社
11.電腦精算天文七政三王真躔萬年星曆（1901年至2003年）	1984	皇極出版社
12.1996年星座預測開運手冊	1996	皇極出版社
13.12星座看兩性情愛	1997	金菠蘿出版
14.12星座公關藝術	1997	金菠蘿出版
15.12星座開運自己來	1997	金菠蘿出版
16.考試開運魔法書	1998	金菠蘿出版
17.星星決定您的健康	1997	遠流、元尊

黃家騁著作書名	出版	出版單位
18.1997年星座吉凶行事曆	1997	遠流、元尊
19.賺錢要吉時	1997	遠流、元尊
20.12星座理財（12冊）	1997	金錢文化社
21.星海辭林（6巨冊）	1989	武陵出版社
22.學會占星的第一本書（附贈世界首套彩色Windows版中文星象光碟）	1998	圓神、方智
23.十二星座總動員（共12冊各冊附贈情侶夫妻親子合盤星象光碟）	1999	彩言公司
24.上升星座的第一本書（附贈練習片）	1999	生智出版社
25.太陽星座的第一本書（附贈練習片）	1999	生智出版社
26.月亮星座的第一本書（附贈練習片）	1999	生智出版社
27.金星星座的第一本書（附贈練習片）	1999	生智出版社
28.生日祕密的第一本書（附贈練習片）	1999	生智出版社

使用手冊

星象研究中心

占星玩家系統

皇極星象學研究中心製作

系統需求

● 作業系統

MS Windows 3.1 中文版或MS Windows 95 中文版。

● 硬體設備建議使用

486/100MHZ。

16M記憶體以上之個人電腦。

雷射或噴墨之印表機。

● 螢幕解析度

建議調整爲640x480或800x600之「Small Font」字型。

● 配合之驅動程式

BDE(Borland Database Engine)。

系統安裝

● 將皇極占星玩家光碟置入光碟機，再執行A:SETUP，之後依下列步驟操作即可。

步驟一：請點選「繼續」。

步驟二：建議不要更改路徑名稱，直接點選「繼續」。

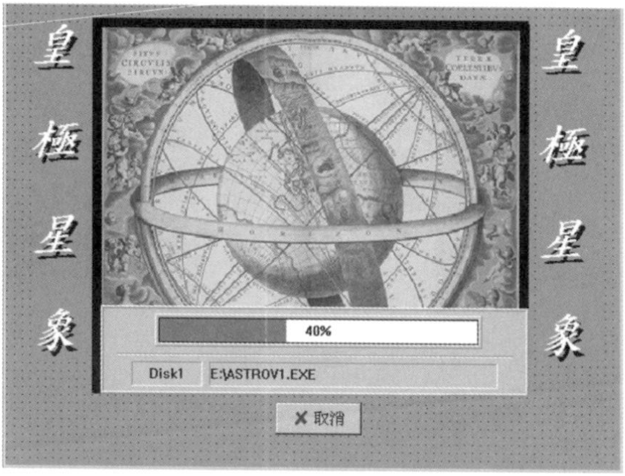

步驟三：拷貝檔案中，請稍後。

● 檔案拷貝至100%後，系統將自動啓動BDE驅動程式，在出現下列畫面後，依步驟操作即可。

步驟一：請點選Continue。

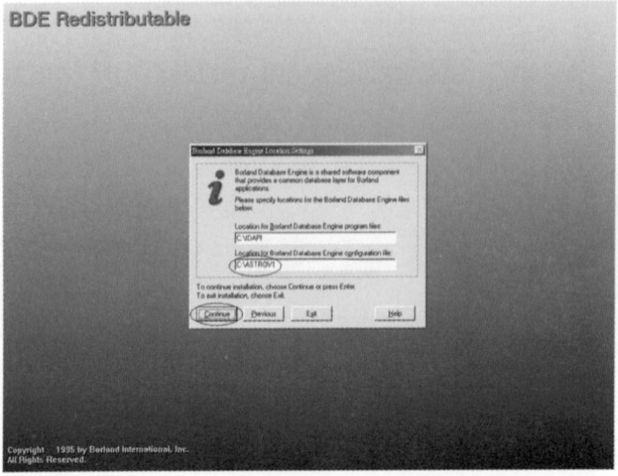

步驟二：兩個路徑名稱請勿更改，直接點選Continue。

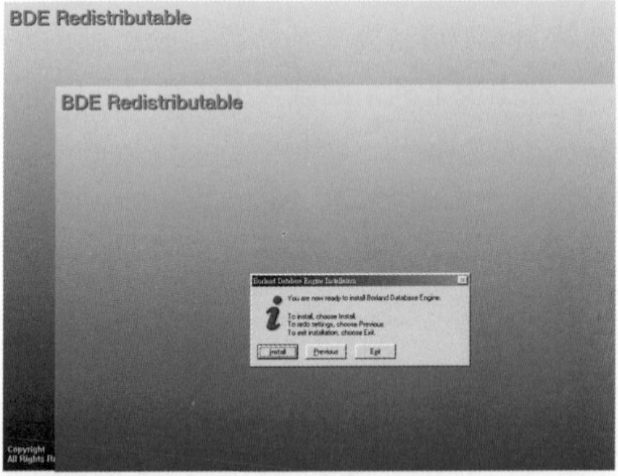

步驟三：點選Install。

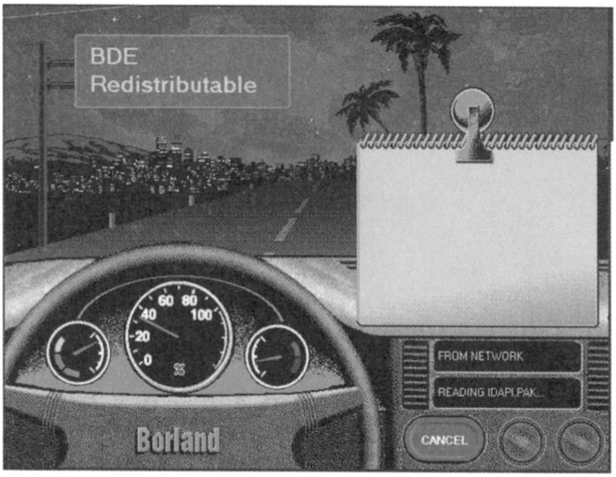

步驟四：開始拷貝檔案，請稍後。

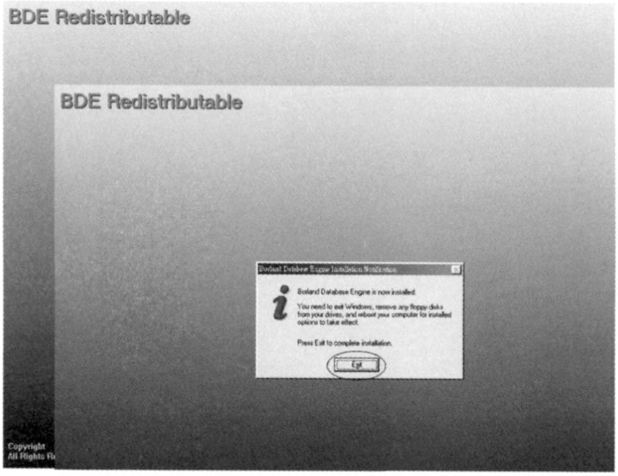

步驟五：BDE安裝完成，請點選Exit。

BDE安裝完成之後，會顯示如下畫面：

步驟六：請點選[確定]。

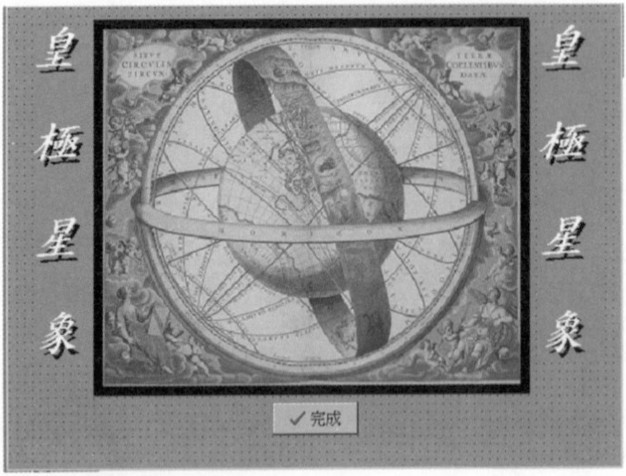

步驟七：請點選[完成]。

安裝完成之後，會出現如下之"皇極星象玩家"圖示：

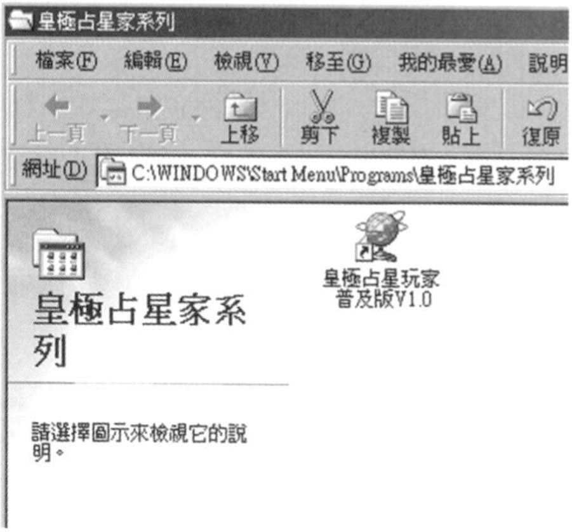

至此程式安裝大功告成。最後在點選該圖示即可邁入本系統了。

開始本系統

1.在Windows下執行本系統時，會看到如下畫面：

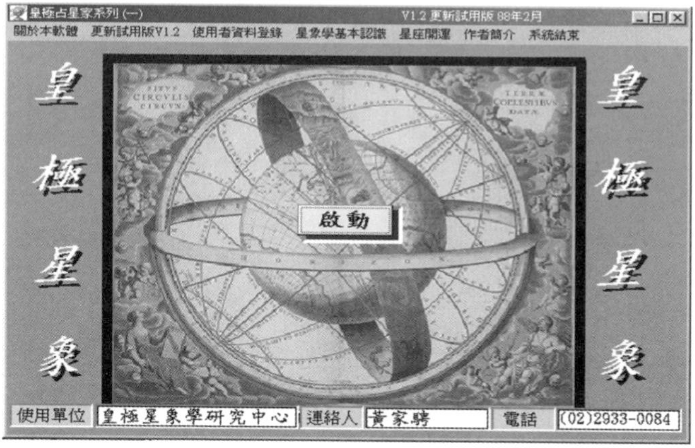

本系統之主畫面，分為七類功能，分別簡介如下：

1.關於本軟體：說明本軟體之製作起源及使用範圍。
2.使用者資料登錄：提供使用者個人資料檔案及相關資料之輸入界面，並附有客戶回函卡列印功能。
3.本命星盤：進行個人星盤及名人星盤之展現及列印輸出。
4.星象學基本認識：提供占星學之基本常識即十大行星、星座、命宮之定義。
5.星座開運：依照在各星座出生者的性格及喜好，揭露開運的密法。
6.作者簡介：介紹作者黃家騁先生對《易經》星象的研究。
7.系統結束：結束本系統作業。

本命星盤

1.在主畫面下執行[本命星盤]或按[啓動]按紐後，會看到如下畫面：

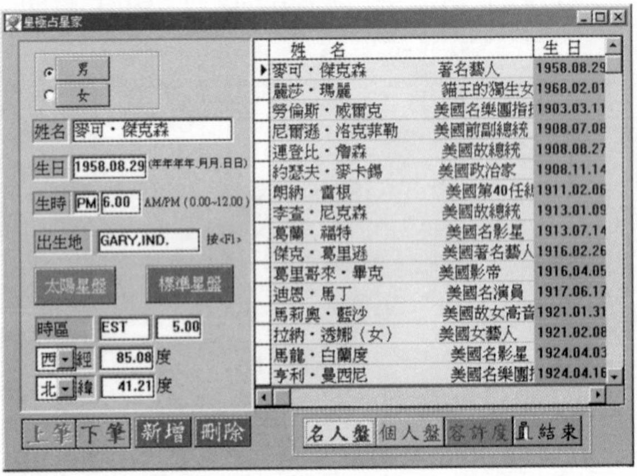

此畫面可讓您列印「名人星盤」「本系統提供近60個名人資料」及「個人星盤」，您可以按下「新增」鈕來輸入您個人或朋友的出生日期 、時辰，及出生地點，接著再按「標準星盤」或「太陽星盤」，系統將自動計算各星之相位角，並展現星盤如下圖：

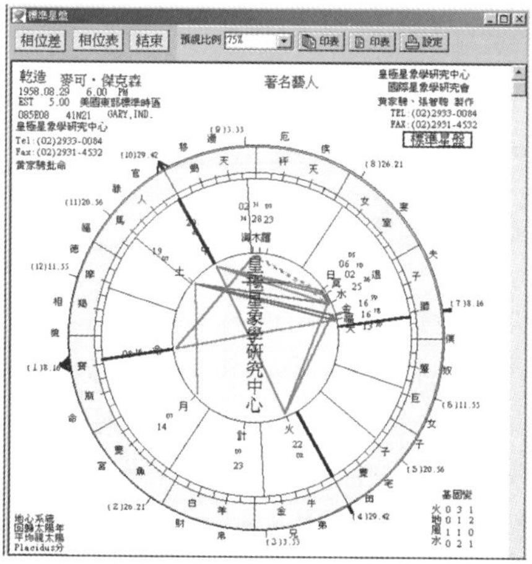

註：本報表為「預視模式」，可供使用者瀏覽，但如果您想將此報表輸出至印表機，請參看下面“報表的操作”說明。

報表的操作

本系統所列印出來星盤都必須先經過預視的過程才能列印於印表機上，如上圖即為一報表的預設畫面，現將操作說明如下：

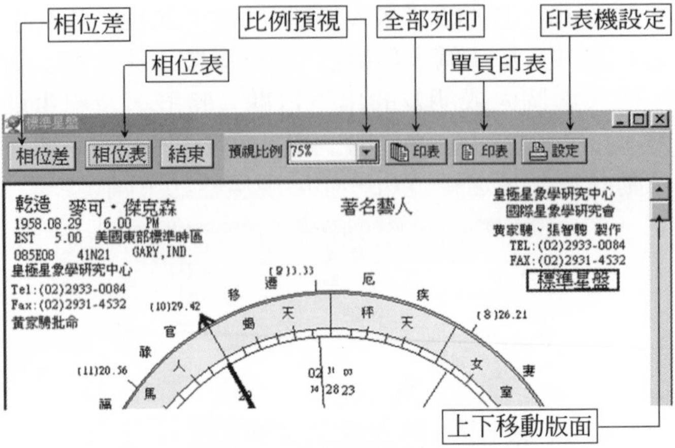

1.星盤其他功能操作：可直接點選「相位表」，即可另外顯示一張相位差明細總表(升級版才提供列印功能)；或直接 點選「相位差」，將另外產生動態「一星對多星」之相位 差速查表單，您可對該表單之某星直接以滑鼠點選，即 可得到相對各星之相位差；至於「結束」按鈕，是提供您一個關閉此報表的捷徑。

2.版面的移動：我們可以使用右邊捲動軸來調整本頁報表版面的上下移動，相對地也可以使用鍵盤的「↑」「↓」來微幅調整報表版面之移動。

3.版面的大小調整，在報表視窗的上方有一個「預視比例」的下拉式選項，用來控制版面的大小，本大小僅影響預視的情況，不影響印表的狀態，其選項說明如下：

(1)200%，此爲放大一倍的預視模式，較大 、易看清楚，但版面必須上下及左右捲動，操作較不便。

(2)100%，原比例模式。

(3)75%，平常沒有特別指定時，大部分的報表預設爲此比例。

(4)50%，比原比例小一倍。

(5)頁寬，以報表實際的寬度，再按比率計算頁長的比率，此方式是可以保證左右皆不會超出預視範圍，完全可以容納頁寬爲主。

(6)全頁，以報表實際的長度爲視窗的長度，再按比率計算頁寬的比例，此方式是可以保證上下皆不會超出預視範圍，完全可以容納頁長爲主。

4. 預視之後，是可以利用[印表]與[印表]來馬上印出至印表機中，其中[印表]是指單頁印表，及僅將目前的資料輸出至印表機中，[印表]則代表全部印出，即將所有的報表一次印出。

5. 印表機設定，在印表之前你也可以按下 設定「印表設定」按鈕來定義一些Windows印表機的一些基本設定。

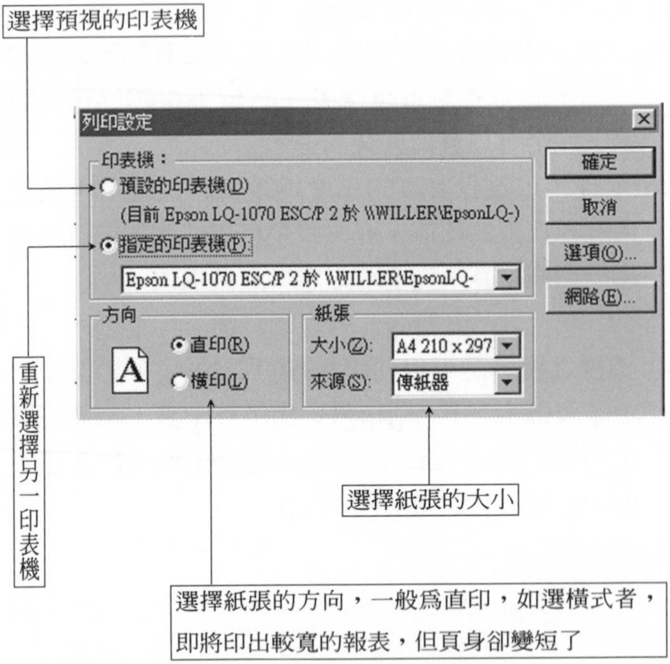

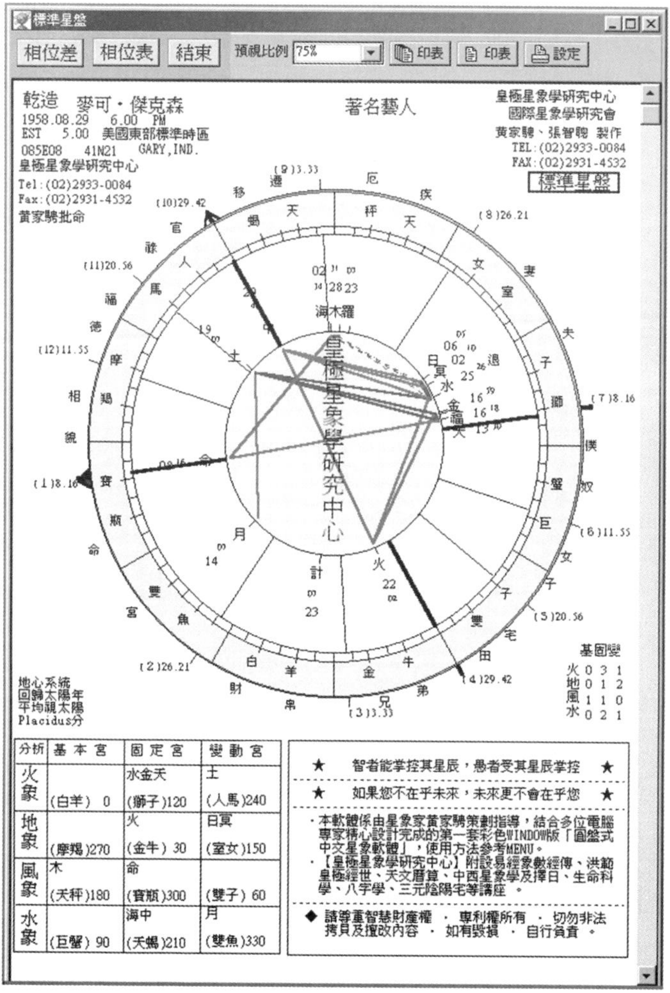
標準星盤

相位差 相位表 結束 預視比例 75% 印表 印表 設定

乾造 麥可・傑克森 著名藝人

1958.08.29 6.00 PM

EST 5.00 美國東部標準時區

085E08 41N21 GARY,IND.

皇極星象學研究中心

Tel:(02)2933-0084

Fax:(02)2931-4532

黃家騁批命

皇極星象學研究中心

國際星象學研究會

黃家騁、張智聰 製作

TEL:(02)2933-0084

FAX:(02)2931-4532

標準星盤

地心系統

回歸太陽年

平均視太陽

Placidus分

基固變

火 0 3 1

地 0 1 2

風 1 1 0

水 0 2 1

分析	基本宮	固定宮	變動宮
火象	(白羊) 0	水金天 (獅子)120	土 (人馬)240
地象	(摩羯)270	火 (金牛) 30	日冥 (室女)150
風象	木 (天秤)180	命 (寶瓶)300	(雙子) 60
水象	(巨蟹) 90	海中 (天蠍)210	月 (雙魚)330

★ 智者能掌控其星辰，愚者受其星辰掌控 ★

★ 如果您不在乎未來，未來更不會在乎您 ★

・本軟體係由星象家黃家騁策劃指導，結合多位電腦專家精心設計完成的第一套彩色WINDOW版「圓盤式中文星象軟體」，使用方法參考MENU。

・【皇極星象學研究中心】附設易經象數經傳、洪範皇極經世、天文曆算、中西星象學及擇日、生命科學、八字學、三元陰陽宅等講座。

◆ 請尊重智慧財產權 ・ 專利權所有 ・ 切勿非法拷貝及擅改內容 ・ 如有毀損 ・ 自行負責 。

標準星盤

相位差　相位表　結束　預視比例 75%　印表　印表　設定

坤造　麗莎・瑪麗
1968.02.女　5.01　PM
MST　7.00　美國山地標準時區
090E03　35N08　Memphis,Tenn.
皇極星象學研究中心
Tel:(02)2933-0084
Fax:(02)2931-4532
黃家驊批命

貓王的獨生

皇極星象學研究中心
國際星象學研究會
黃家驊、張智聰 製作
TEL:(02)2933-0084
FAX:(02)2931-4532

標準星盤

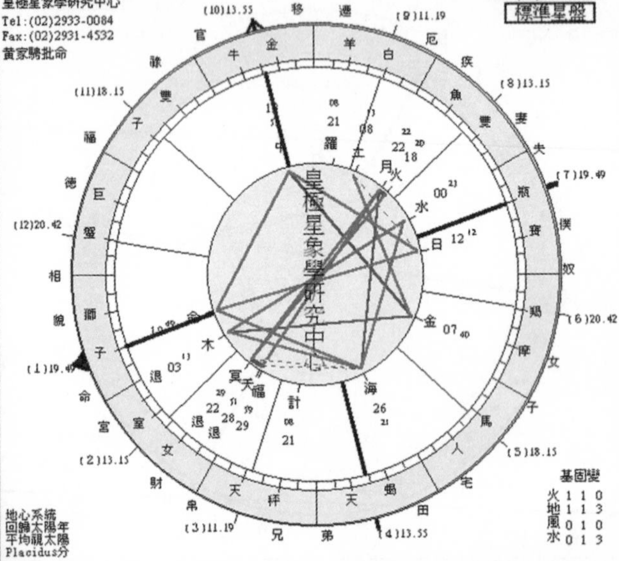

基固變
火 1 1 0
地 1 1 3
風 0 1 0
水 0 1 3

地心系統
回歸太陽年
平均視太陽
Placidus分

分析	基本宮	固定宮	變動宮
火象	土 (白羊) 0	命 (獅子)120	(人馬)240
地象	金 (摩羯)270	中 (金牛) 30	木天冥 (室女)150
風象	(天秤)180	日 (寶瓶)300	(雙子) 60
水象	(巨蟹) 90	海 (天蠍)210	月水火 (雙魚)330

★ 智者能掌控其星辰，愚者受其星辰掌控 ★

★ 如果您不在乎未來，未來更不會在乎您 ★

・本軟體係由星象家黃家驊策劃指導，結合多位電腦專家精心設計完成的第一套彩色WINDOW版「圓盤式中文星象軟體」，使用方法參考MENU。
・【皇極星象學研究中心】附設易經象數經傳、洪範皇極經世、天文曆算、中西星象學及擇日、生命科學、八字學、三元陰陽宅等講座。

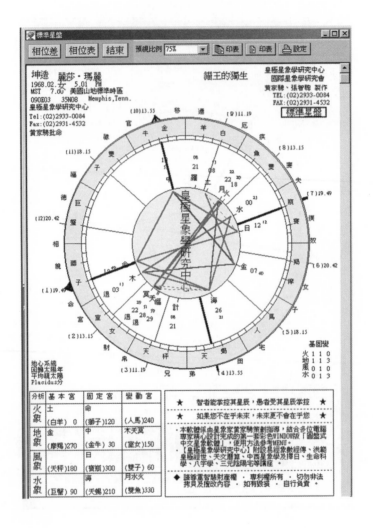

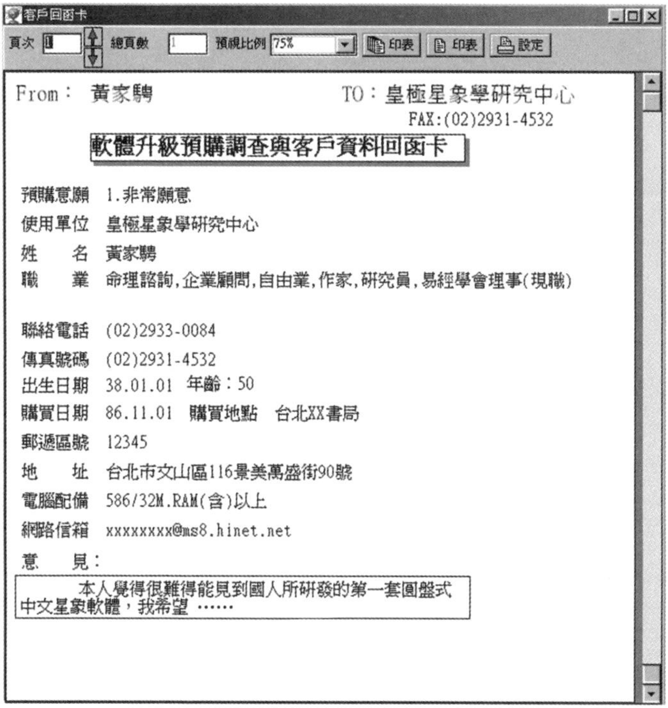

From： 黃家驊　　　　　　TO：皇極星象學研究中心

FAX:(02)2931-4532

軟體升級預購調查與客戶資料回函卡

預購意願　1.非常願意

使用單位　皇極星象學研究中心

姓　　名　黃家驊

職　　業　命理諮詢,企業顧問,自由業,作家,研究員,易經學會理事(現職)

聯絡電話　(02)2933-0084

傳真號碼　(02)2931-4532

出生日期　38.01.01　年齡：50

購買日期　86.11.01　購買地點　台北XX書局

郵遞區號　12345

地　　址　台北市文山區116景美萬盛街90號

電腦配備　586/32M.RAM(含)以上

網路信箱　xxxxxxxx@ms8.hinet.net

意　　見：

本人覺得很難得能見到國人所研發的第一套圓盤式中文星象軟體，我希望……

太陽星座的第一本書

LOT系列 3

作　　者／黃家騁
出 版 者／生智文化事業有限公司
發 行 人／林新倫
總 編 輯／孟　樊
執行編輯／郁　冰
登 記 證／局版北市業字第 677 號
地　　址／台北市文山區溪洲街 67 號地下樓
電　　話／(02)2366-0309　2366-0313
傳　　真／(02)2366-0310
印　　刷／科樂印刷事業股份有限公司
法律顧問／北辰著作權事務所　蕭雄淋律師
初版一刷／1999 年 10 月
定　　價／新臺幣 280 元

北區總經銷／揚智文化事業股份有限公司
地　　址／台北市新生南路三段 88 號 5 樓之 6
電　　話／(02)2366-0309　2366-0313
傳　　真／(02)2366-0310

南區總經銷／昱泓圖書有限公司
地　　址／嘉義市通化四街 45 號
電　　話／(05)231-1949　231-1572
傳　　真／(05)231-1002

ISBN　957-818-041-1
網址：http://www.ycrc.com.tw
E-mail：tn605547@ms6.tisnet.net.tw

國家圖書館出版品預行編目資料

太陽星座的第一本書／黃家騁著. - - 初版.
- -臺北市：生智，1999〔民 88〕
面：　公分. - -（LOT 系列；3）

ISBN　957-818-041-1（平裝）

1.占星術

292.22　　88010237